光源氏に迫る

源氏物語の歴史と文化

宇治市源氏物語ミュージアム（編）

吉川弘文館

はしがき

『源氏物語』五十四帖のうち、最後の十帖は、主な舞台が宇治であることから「宇治十帖」の名で親しまれています。

宇治市では、平成元年（一九八九）、ふるさと創生事業を契機に、全国的な女性文学の興隆を目的とした女性作家に贈る「紫式部文学賞」と、市民の文化活動を後押しする「紫式部市民文化賞」を創設しました。そしてこれらの贈呈式や「宇治十帖」古跡めぐりスタンプラリー等のイベント「源氏ろまん」を催すほか、「源氏物語散策の道」整備事業など「源氏物語をテーマとしたまちづくり」を積極的に推進してきました。

宇治市源氏物語ミュージアムは、こうした一連の事業の中核施設であり、また集大成をなすものとして、平成十年十一月に開館しました。この間、二〇〇万人を超える入館者を迎え、開館二十周年の平成三十年には、「観光」と「生涯学習」の拠点として再整備を行い、九月に二度目のリニューアルオープンをいたしました。

当館は開館以来、『源氏物語』や「平安時代の文化」への市民の皆さんの興味・関心に応じてご利用いただける生涯学習施設として、連続講座をはじめ、さまざまな講座や教育普及事業を開催しております。節目にあたる平成三十年度の連続講座では、「光源氏に迫る―栄華、憂い、そして愛―」と題し、毎回、研究者の先生方をお迎えしてご講演いただきました。本書はその講演をもとにご執筆いただいたものです。

毎回、熱心に参加される皆さんで賑わっていた当館も、令和二年度（二〇二〇）は、新型コロナウィルス感染症流行拡大の影響により、講座の運営方法の見直しを余儀なくされてしまいました。ご参加が叶わない方にも、本書をお手にとっていただき、講座の雰囲気を味わっていただけたらと願っております。

本書が、『源氏物語』の楽しみ方の一助となりますれば、幸いに存じます。

宇治市源氏物語ミュージアム

目次

Ⅱ　平安時代の政治と社会
――『源氏物語』の時代をよむ――

I

『源氏物語』の人物像

一　光源氏の〈光〉

山本淳子

1　ニックネーム「光る君」

明かさぬ本名

『源氏物語』の主人公、「光源氏」。その名は、昭和の男子アイドルグループ「光GENJI」がこの主人公にちなんで名づけられたように、広く知られています。おそらく『源氏物語』を読んだことのない人でも、光源氏という名だけは知っているのではないでしょうか。

ただ、この名前は本名ではありません。たとえば『うつほ物語』の男性主人公が仲忠、『落窪《おちくぼ》物語』の男性主人公が道頼というように、『源氏物語』以前の物語の男性主人公は、個人名がはっきり記されていました。しかし『源氏物語』は、主人公の氏は「源氏」と明記するものの、いわゆる下の名は全く記していないのです。この「光」という呼び名が物語にはじめて現れる箇所で確認してみましょう。主人公である皇子が十歳ごろのこと、東宮《とうぐう》である兄よりも顔立ちでは秀でていたという場面です。

世にたぐひなしと見たてまつりたまひ、名高うおはする宮の御容貌《おんかたち》にも、なほ匂はしさはたとへむ方なく美しげなるを、世の人、光る君《きみ》と聞こゆ。（「桐壺」）

［大意］世に比類ないと帝たちも拝見なさり評判の高い宮様（兄君）のお顔立ちと比べても、やはりつややかさがたとえようもなく美しげなので、それを世の人はあだ名して「光る君」とお呼びする。

ここには世の人々が「光る君」と呼んだとありますから、この名は本名ではなく、ニックネームです。それが彼のたとえようもない美しさに依っていたとも、ここには記されています。このように「光源氏」とは、主人公の美貌による「光」というあだ名と氏の「源氏」とが合体したものです。

ちなみに、『源氏物語』の主要な登場人物は多くの場合、個人名が記されていません。本名がわかるのは、たとえば光源氏の乳母子《めのとご》の惟光《これみつ》などのように、比較的身分の低い人物です。平安時代の貴族社会では基本的に、自分よりも高貴な人物を本名では呼ばないことが礼儀でした。『源氏物語』はナレーターである語り手が読者に内容を語って聞かせてくれる形をとっており、その語り手は登場人物たち周辺の女房と設定されているようです。女房は自分よりも高貴な人物は本名で呼ばず、惟光のように軽く扱える相手は本名で呼ぶものなので、語りの文章もそのようになっています。ここにも『源氏物語』の現実味を重んじる姿勢が現れていると言えます。

それにしても、なぜ光源氏のあだ名は「光」なのでしょうか。先ほどの「桐壺」巻は美貌を褒めた名だと言っていましたが、実はそれだけではありません。光源氏の〈光〉は、物語のなかでその意味を転じていくのです。ストーリーの進展とともに思想や人間洞察が深化する『源氏物語』。本章では、それを象徴する〈光〉の深化をお話しします。

「光」の多様な意味

本題に入る前に、『日本国語大辞典』で「光」や「光る」という語の大体の意味を見てみましょう。まずは、

①物理的・視覚的な意味で、明るさや美しさを感じさせるもの。
太陽や月など実際に光るものはもちろん、容貌、容姿の美を光に喩《たと》えて言う場合もこれに含まれます。前に見た「桐壺」の巻の「光る君」は、これにあたります。次に、
②精神的な意味で、明るさや輝かしさ、美しさを感じさせるもの。
これは、外見以外の理由によるものです。そのなかには次のようなものがあります。
（1）人をおそれ服させるような勢力、盛んな勢いや力をたとえて言う。
たとえば、君主や国家の「威光」といった政治的な力、または、怪異や神仏などの超常的な力もこれにあたります。
（2）栄光。勝利。
「栄冠は君に輝く」などの表現のように、勝利は心に光を感じさせます。もちろんそれはスポーツや戦いにおけるものに限りません。
（3）心を明るくするもの。闇を照らす光として感ぜられるもの。光明。
仏の教えを光に喩えるなど、人にとっての真理や悟りがこれにあたります。

このように「光」という語は多様な意味を持っています。そして結論を言ってしまえば、『源氏物語』で光源氏が放つ〈光〉には、右のすべての種の〈光〉があるのです。

2　光輝く主人公

『竹取物語』のかぐや姫

もとより、物語文学史において、光輝く主人公は光源氏がはじめてではありません。『源氏物語』で「物語の出で来はじめの親」と呼ばれる『竹取物語』の主人公、かぐや姫。彼女も登場の時から、次のように光っていました。

その竹の中に、もと光る竹なむ一筋ありける。あやしがりて、寄りて見るに、筒の中光りたり。それを見れば、三寸ばかりなる人、いと美しうてゐたり。（『竹取物語』）

［大意］翁の仕事場の竹林の中に、根本が光っている竹が一本あった。不思議に思って近寄って見ると、竹の筒の中が光っている。それを見ると、三寸ほどの人間が、たいそうかわいらしい様子でそこにいた。

これによれば、かぐや姫の光はものの喩えではなく、物理的な光でした。彼女自身が光源となって、竹を内側から光らせていたのです。しかし、それだけではありませんでした。

このちごの容貌《かたち》の顕証《けそう》なること世に無く、屋の内は暗き所なく光満ちたり。翁、心地悪しく苦しき時も、この子を見れば苦しきこともやみぬ。腹立たしきことも慰みけり。（『竹取物語』）

［大意］この女の子の顔形のぱっと目に立つことといったら他になく、家の中は暗い所が無く光に満ちている。翁は体調が悪く苦しい時も、この子を見ると治った。腹立たしいことも慰められた。

かぐや姫は照明のように翁の家じゅうを明るく照らしたうえ、その光は超常的で、翁の病気を快復させる力や、憤懣を癒す力も持っていたのです。

輝く理由

かぐや姫は、なぜ光り輝いているのか。その理由は、すでにおわかりでしょう。彼女の正体が、地上の人ではなく月世界の人であるからです。物語の最終場面、かぐや姫を迎えに天人たちがやってきますが、彼らもまた光り輝いており、その明るさは「望月の明さを十合わせた」くらいで「人の毛の穴さへ見ゆるほど」であったと記されます。

さらに『竹取物語』は、かぐや姫が形見として帝に不死の薬を遺していったとしています。ならば、この薬のある月世界には、死に至る病はないということになります。また、かぐや姫は天への帰り際に「天の羽衣」を着せられますが、その瞬間に物思いがなくなったとされています。ならば、この衣を着て過ごす月世界においては、人には何の悩み事もないということになります。かぐや姫の光に病気や精神に対する治癒力が具《そな》わっていたのは、物語のこうした設定によるものだったのです。

つまりかぐや姫の光は、彼女が異界の人であることの印でした。『竹取物語』は、かぐや姫が竹の中から発見されたことをはじめとして、ストーリーの大半がいわゆる「伝奇物語」、ファンタジーです。光り輝く主人公・かぐや姫の造型は、ファンタジーならではのキャラクター造型だったと言えます。

光源氏

『竹取物語』がファンタジーであるのに対して、『源氏物語』はリアリズム、つまり現実性の重視を基本としています。しかしかぐや姫同様に、光源氏も登場の瞬間から光り輝いていました。

前の世にも御契りや深かりけむ、世になく清らなる玉の男御子さへ生まれたまひぬ。いつしかと心もとながらせたまひて、急ぎ参らせて御覧ずるに、めづらかなる稚児の御容貌なり。（「桐壺」）

［大意］帝と桐壺更衣は前世からのご縁も深かったのか、またとなく美しい玉のような皇子までがお生まれになった。帝は早く会いたいとじれったがり、急いで宮中に連れて来させて御覧になると、稀有なほど素晴らしい顔形である。

光源氏誕生の場面です。ここで彼は「玉」つまり翡翠《ひすい》や瑪瑙《めのう》、水晶のような宝玉に喩えられています。宝玉はきらめくものですから、あだ名の「光」と同類の形容として見逃せません。もちろんものの喩えで、赤ん坊の光源氏がかぐや姫のように実際に光を放っていたわけではありませんが、「玉《たま》」は、大和言葉として「魂《たま》」と同じ語源を持つ言葉です。ただ外見的に宝玉のような輝きを備えていただけではなく、何か超常的なものを感じさせる性質が、彼にはその誕生の時からあった、この「玉」からはそれを読み取ることができます。最初に確認した国語辞典での意味を思い出すと、「光」には精神的な意味で明るさや輝かしさ、美しさを感じさせるものという意味があり、その中には超常的な力の喩えというものがありました。光源氏は、やはり生まれた時から〈光〉の子だったと言えます。

両親の前世の契りから

さて、ではこの皇子はどのような超常的な力を持っていたのでしょうか。この箇所ではまだはっきりとはわかりませんが、実はすでにそのヒントも記されていたと、私は考えています。

光源氏の誕生場面、物語は「前の世にも御契りや深かりけむ」と両親の前世からの縁を記し、それが理由で「玉の男皇子さへ生まれたまひぬ」と記しています。この「さへ」という語に注目してください。これは「添へ」つまり添加の意味の助詞で、何かの上にそれが加わったことを表します。その何かはここでは省略されていますが、帝と更衣の前世の契りから第一に発生したものといえば、二人の現世での愛情関係であることが明らかです。前世の因縁が、まず現世で両親を愛し合わせ、加えて稀有な皇子を誕生させたのです。

ところで彼の両親の愛情関係と言えば、物語冒頭の「いづれの御時にか、女御《にょうご》、更衣あまた候ひたまひける中に、いとやむごとなき際にはあらぬが、すぐれて時めきたまふ、ありけり（どの天皇の御世だったか。女御や更衣がたくさん居並ぶ中に、それほど高い身分ではなくて、帝から格別な寵愛を受けているきさきがいた）」がそれでした。

この愛には尋常ではない特徴があります。それは、身分の高いきさきを優先するという当時の後宮《こうきゅう》の常識に反する、過激な愛情関係であったということです。これが二人の前世の縁によるものであったのならば、それによって二人の間に生まれた皇子も、同じ特徴をもっていることが推測できるのではないでしょうか。光源氏は、誕生のその時から、世の掟を超えるほど過激な愛に関わる超常的な何かをまとっていた、本文はそれをほのめかしていたと考えます。

3　光源氏の二つの光

超常的恋愛力

前節の推測のとおり、両親の過激な愛の結晶として生まれた光源氏には、超常的恋愛力という〈光〉が具わっていました。物語はこれを、「帚木《ははきぎ》」巻冒頭の、「光源氏」という名前をはじめて用いた箇所で、はっきりと示しています。

光源氏、名のみことことしう、言ひ消たれたまふ咎多かなるに、いとど、かかる好きごとどもを末の世にも聞き伝へて、軽《かろ》びたる名をや流さむと、忍びたまひける隠ろへごとをさへ語り伝へけむ、人の物言ひさがなさよ。（「帚木」）

［大意］光源氏。名ばかりは「光」と大げさで、「実は光ってなどいないのさ」と打ち消されてしまうような失敗も多いのだが、本人は「こんな色恋沙汰を誰かが聞きつけて後々の人にまで伝え、軽い奴だと噂になったらどうしよう」とひた隠しにしていらっしゃる。だのにそんな秘密まで語り伝えてしまう、人のおしゃべりの罪深さときたらねぇ。

ここで光源氏の〈光〉は、輝かしい好色遍歴を象徴する名として示されています。この「帚木」の巻は「桐壺」の巻に継ぐ巻で、ここから「空蟬《うつせみ》」「夕顔」と続く三帖、物語は十七歳に成長した彼の過激な恋を語ります。人妻である空蟬の寝所から彼女を盗み出して一夜の契りを交わす大胆不敵な恋、互いに名乗らず素姓を秘めたまま燃え上がった夕顔との恋です。それらは、右の文が洒落ていうとおり「(光が)言ひ消たれたまふ咎」、つまり失敗の恋でもありました。空蟬は二度と光源氏に応じず、夕顔は廃屋で亡くなってしまうのですから。しかしそれらが光源氏の恋の冒険譚であることは言うまでもありません。そうした彼の超常的恋愛力は、帚木三帖の後の「若紫」の巻で、初恋の人である義母との密通に及び、やがて不義の子の誕生へと物語を進めていきます。その意味では、物語全体の推進力である力だと言えます。

実在した「玉光宮」

ところで、古来光源氏のモデルとされてきた中の一人に、敦慶親王《あつよししんのう》なる人物がいます。『源氏物語』の十四世紀の注釈書である『河海抄《かかいしょう》』が記すことです。敦慶親王は宇多天皇の第四皇子で、『河海抄』によれば「玉光《たまひかる》宮《のみや》」と号され「好色無双」の「美人」だったとのことです。また『後撰和歌集』も、親王は「ここかしこに通ひ住む所多くて常にしもとはざりければ(ここかしこに通い先の恋人が多くて、一箇所を常に訪れることがなかったので)」と記しています(「恋二」547番歌詞書)。『源氏物語』の描く光源氏の行状によく似ているではありませんか。

図1　敦慶親王系図

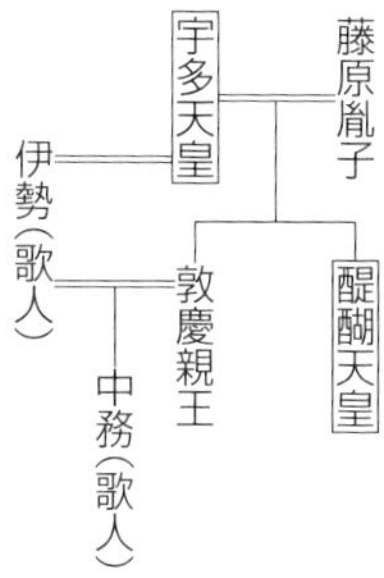

しかも敦慶親王は、図1のように父帝の思い人であった歌人・伊勢を愛し二人の間にはのちに歌人・中務《なかつかさ》となる娘が生まれました。これは密通ではなく公然の関係ではありましたが、父帝のきさき、自分には義母にあたる女性と関係して子を成したという構造は、光源氏と同じです(図2)。敦慶親王が光源氏のキャラ

クター造型のもとになったのは確かと言えるでしょう。

「花宴」の巻の光源氏

ここで、『源氏物語』中でも最も大胆にして華麗と言える光源氏の恋の場面を見ておきましょう。巻は「花宴《はなのえん》」。光源氏が二十歳の春、御所では紫宸殿《ししんでん》の満開の桜を愛でる宴が催されます。光源氏は帝の引き立てによって、まさに座の「光」、最も輝かしい存在として、漢詩に舞にと人々を魅了します。こうした宮廷行事において、彼はいわばスターだったのです。第一節で確認した国語辞典での「光」の意味に「栄光」がありましたが、この〈光〉はそれにあたります。

図2　光源氏系図

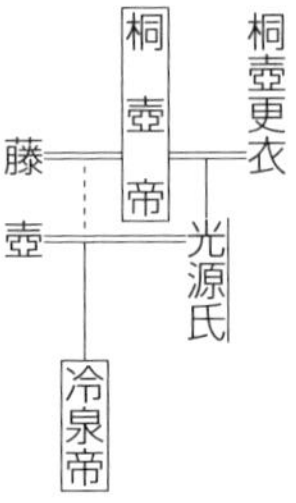

宴のあと、ほろ酔いの光源氏は藤壺の影を求めて内裏をうろつき、あろうことか政敵の弘徽殿女御の御殿に忍び込みます。そして歌いながらやってきた女君の袖を捉え、恐ろしがって人を呼ぼうとする彼女にささやくのです。

「まろは、皆人に許されたれば、召し寄せたりとも、なんでふことかあらむ。ただ忍びてこそ」とのたまふ声に、この君なりけりと聞き定めて、いささか慰めけり。（「花宴」）

［大意］「僕は誰からも咎められないから、人を呼んでも無駄だよ。ただ静かにしておいで」。そうおっしゃる声に、朧月夜の君は「あの君だわ」と気が付いて少し落ち着いた。

何と不敵な殺し文句でしょう。誰からも咎められない、皇子にしてスターである光源氏。自分がそうした存在であることを彼はよくわかっていて、恋に利用しているのです。「花宴」の光源氏は、美貌とスター性と過激な恋上手という三つの〈光〉をまとった、自身に満ち溢れる若者でした。

王威の光

しかし、光源氏の〈光〉はこれらにとどまりません。もっと物語の核とも言うべき〈光〉を、彼は備えていました。それは幼少期からの「光る君」というあだ名にかかわります。第一節で、これは世人がそう呼びならわしたものだという本文を掲げましたが、実はもともとは、ある一人の人物が彼につけた名だったのです。「桐壺」の巻がその巻末で明かすことです。

光る君といふ名は、高麗人の愛で聞こえて付け奉りけるとぞ、言ひ伝へたるとなむ。(「桐壺」)

[大意]「光る君」というあだ名は、高麗人《こまうど》が感じ入ってお付け申したと、言い伝えているとか。

「高麗人」とは朝鮮半島の国から来た人物です。人相占いの名手というので、桐壺帝は光源氏に「源」の姓を与える前、この人物に光源氏の人相を占わせたのです。その時彼は、光源氏の顔立ちに「帝王の上なき位にのぼるべき相」、天皇となるべき相を見出しました。それで感じ入ってつけた呼び名だということですから、この名は本来「王威の光」という意味から始まっていたのです。その後、世の人も皇子の美貌をめでて、同じように呼び始めたのです。国語辞典に見えた政治権力の威光という〈光〉を、光源氏は幼少のころにすでに備えていたということになります。

ただ、高麗の占い師が光源氏に見出した王威の〈光〉は、危うさをはらんだものでした。

相人、驚きて、あまた度《たび》傾きあやしぶ。「国の親となりて、帝王の上なき位に上《のぼ》るべき相おはします人の、そなたにて見れば、乱れ憂ふることやあらむ。朝廷の固めとなりて、天下を助くる方にて見れば、また、その相違《たが》ふべし」と言ふ。(「桐壺」)

[大意] 人相占い師は驚いて、何度も首をかしげて不思議がる。「国の親となって帝という至高の位に上るべき相をお

持ちの方ですが、ただその見方をすると、世が乱れ人々が苦しむことがありそうです。いっぽう政治家となって朝廷の重鎮として天下を補佐するという見方をすると、それもまた違うようです」と言う。

占いは、天皇即位の相があるがその暁には国が乱れる、だが臣下の相ではないことは確かだというものでした。これに従えば、帝は皇子を天皇にして国難を被らざるを得ないことになります。しかし帝はこの選択をしませんでした。国難を避けたかったからでしょうか。それは違います。桐壺帝は熟考し、皇子に外戚がおらず後見の不安定なことを案じて、「臣下として朝廷で天皇を支えるほうが将来安泰だ」と、父の愛にもとづく現実的な判断から、その進路を決めたのです。こうして皇子は、天皇の相という王威の〈光〉を持ちながら実際の身分は臣下であるという、矛盾した人生を歩みだすことになります。「光源氏」とは、何よりもこの矛盾を象徴する呼び名だったと言えます。

恋と王威の結合

超常的恋愛力という〈光〉と王威の〈光〉。物語では、やがてその二つが結合します。まずは、光源氏と藤壺の不義の子の誕生です。光源氏が義母への禁断の恋を抑えかねて生まれたこの子は、彼の過激すぎるほど過激な恋愛力の結果に相違ありません。しかもその顔立ちは、光源氏と瓜二つでした。つまり、彼と同じ王威の相を備えているのです。この赤子を疑いもせず我が子と思って見る桐壺帝の胸を、次のような思いがよぎります。

源氏の君を限りなきものに思し召しながら、世の人の許しきこゆまじかりしによりて、坊にも之据ゑたてまつらずなりにしを、飽かずくちをしう、ただ人にてかたじけなき御ありさま、容貌にねびもておはするを御覧ずるままに、心苦しく思し召すを、かうやむごとなき御腹に、同じ光にてさし出でたまへれば、疵なき玉と思ほしかしづくに、（「紅葉賀」）

〔大意〕帝は、かつて源氏の君を一番に愛しながら世間が認めそうになかったので東宮に立てられなかったことを、不満にも残念にも思われてきた。彼が臣下にしておくにはもったいない雰囲気や容姿へと成長なさるのを御覧になりながら、ずっと心苦しく思し召されてきた。今度の御子は藤壺の宮というやんごとなき母から、同じ光を備えて誕生したのだから、疵のない玉だと思って、帝は可愛がられる。

赤子の顔を見ながら桐壺帝は光源氏のことを思います。かつて、父としての愛情からとは言いながら彼を東宮にしなかったことに、帝には忸怩《じくじ》たる思いがあったのです。それは光源氏と「同じ光」つまり同じ輝ける王の相を持ったこの赤子に王位を継がせたいという意志につながります。ここには、桐壺更衣とは違い、藤壺というやんごとない王族の所生であることが、「疵なき玉」と表現されています。光源氏が生まれた時にも「玉の男皇子」という表現がありました。つまり桐壺帝にとってこの赤子は、同じ玉の皇子として、光源氏の再来に思えたのです。しかも、母の身分の低さが玉に疵だった光源氏に比べて、今度の子は疵がありません。帝はまるで光源氏への罪滅ぼしのように赤子をやがて東宮とし、彼は即位して冷泉《れいぜい》帝となります。

桐壺帝と更衣の劇的な愛から生まれた「玉の男皇子」光源氏は、両親譲りの過激な愛の力を持ちながら、王位は当の両親の敗北した政治の掟ゆえに継げないという、その意味では不完全な「光る君」でした。相人がせっかく付けたこのあだ名も、実現しない人相を言う矛盾したあだ名でした。しかし冷泉帝において、この不完全さや矛盾は解決されました。光源氏の〈光〉、過激な愛の力が彼とそっくりな皇子を産みだし、その子は人相どおり王位に就いて威光を発したのです。

光源氏の逆転勝利

ところが物語は、光源氏にもこのゴールを用意していました。皇統から離され源氏として生涯を終えるはずだった光源氏が、密通の息子・冷泉帝の計らいという離れ業によって、三十九歳の時「太上天皇になずらふ御位」、准上皇の地位に就くのです。

その秋、太上天皇になずらふ御位得たまうて、御封加はり、年官年爵など皆添ひたまふ。（中略）かくても、なほ飽かず帝は思し召して、世の中を憚りて位をえ譲りきこえぬことをなむ、朝夕の御嘆きぐさなりける。

（「藤裏葉」）

［大意］その秋、源氏の君は上皇に准ずる地位を得られて、収入も増え人事権もみなお加わりになった。（中略）それでもまだ満足できないと帝はお思いになり、世の中を憚って皇位をお譲りできないことが、朝夕のお嘆きの種だった。

冷泉帝は、十四歳の時みずからの出生の秘密を知ります。そしてその時から、実父である光源氏に位を譲りたいという思いを強く心に抱き続けました。七年後、拒み続けた光源氏がようやく受け入れたのが、天皇ではなく上皇、いや厳密には上皇でもなくそれに准ずる地位というものでした。ただこの後物語は彼を上皇と見なして、その別名である「院」の名で呼びます。光源氏は天皇の地位を飛び越えて准上皇となり、確かに皇族の一員入りを果たしたのです。

それにしても、なぜ冷泉帝は光源氏に位を譲りたいと考えたのでしょうか。一つには、天皇の子でないのに天皇の地位に就いてしまった自分自身を、天皇としての正統性に欠けていると感じたからです。実父の光源氏が天皇になれば、自分も天皇の子となり、問題は解決します。

しかし、それだけではなかったと、私は考えています。出生の秘密を知った時、冷泉帝にそれを告げた僧は、光源氏がずっと自分に祈禱を依頼し続けてきたことを明かしました。それは冷泉帝のための祈りでした。冷泉帝は両親の不義密通という文脈で秘密を知ったのではなく、実父が自分の無事を願い守り続けてくれたこと、つまり愛という文脈で知ったのです。准上皇を受け入れた時も光源氏は、重々しい立場になったら「内裏に参りたまふべきこと難かるべき」、今まで通り冷泉帝を補佐するために内裏に参ることが難しくなると残念がっています。光源氏の冷泉帝に対する愛情が、冷泉帝の孝心を促したのではないでしょうか。親子の愛という意味でも、やはり『源氏物語』は愛の物語だと感じるのです。

光という字

ところで、歴史上に実在する皇帝や天皇には、諡《おくりな》に「光」という文字を持つ人物が何人かいます。諡は死後におくられる美称ですが、「一条」や「白河」のような地名にちなむ追号とは違い、生前の業績を称賛してつけるもので、「仁明《にんみょう》」や「文徳《もんとく》」などがこれにあたります。『源氏物語』以前、「光」の字を持つ天皇がいました（図3）。光孝天皇は、九世紀末、陽成《ようぜい》天皇の廃帝により直系の天皇後継者の途絶えたことを受け、三代遡った仁明天皇の子である彼に白羽の矢が立ち即位したという天皇です。また、時代は飛び、江戸時代の十八世紀末には、光格《こうかく》天皇なる天皇がいました（図4）。彼もまた、後桃園《ごももぞの》天皇の崩御により直系の天皇後継者の途絶えたことを受け、四代遡った東山天皇の曾孫《ひまご》に白羽の矢が立ち即位したという天皇でした。

図3　光孝天皇系図

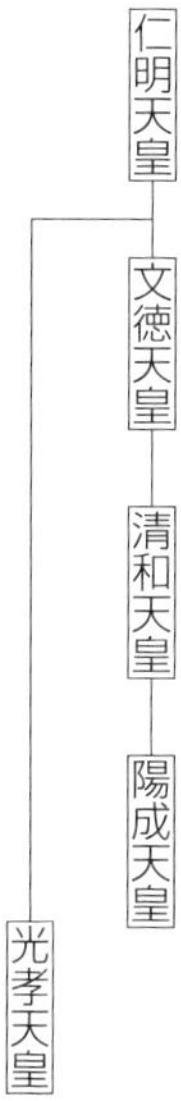

図4　光格天皇系図

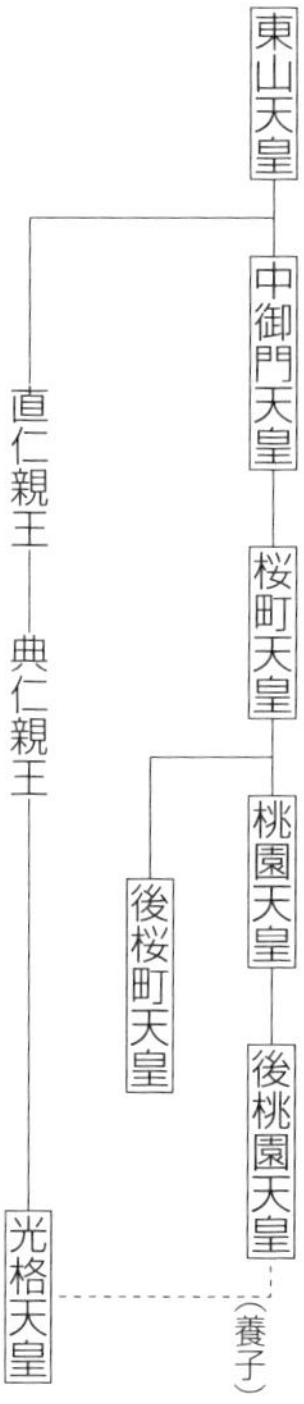

「光」の字と言えば、中国の光武帝の名

を思い出す方もいるでしょう。彼について記した『後漢書』「光武帝紀」の一書は注に「謚法に曰《いわ》く、能《よ》く前業を紹《つ》ぐを光と曰ふ（「謚法解」によれば、前代の業績を継承できたことを「光」の字で表すという）」と記しています。光武帝は後漢初代の帝ですが、前漢の高祖劉邦《りゅうほう》の九世の孫にあたり、一旦途絶えていた漢王朝を復興しました。このことから、日本の天皇についても「光字には傍流から入って本流を継いだという意味が付与されている」（遠山　二〇一五）と考えられています。ここで重要なのは、「光」の字が傍流の印という負の意味ではなく、よく天皇家を継承したという称賛の意味であることです。光源氏の「光」が光武帝や光孝天皇の名に直接ならったものであるかどうかは不明です。が、この字の持つ強力な権威付けの効果を『源氏物語』が利用していることは間違いないと、私は考えます。

このように、光源氏の〈光〉という名は「外見の美しさ」に加え、「世の掟に収まりきらない恋愛力」と「王権」という二つの超常的な力の比喩という意味を持っていました。愛し合って世に負けた帝と更衣が、その子の出世によって報われる。光源氏の名は最初からそれを示していたと言えるでしょう。その意味で、彼の出世譚である『源氏物語』第一部においては、「光源氏」という名はゴールを指す道しるべでもあったのです。

4　再びの逆転

恐ろしい光

ところが第二部で、物語は光源氏の〈光〉を否定します。それらが善き力ではなく、逆に恐ろしい力であったり、無駄な力であったりしたことを、登場人物や光源氏自身に指摘させるのです。

『源氏物語』第二部、光源氏は四十歳の時、新しい妻を迎えます。相手は兄・朱雀院《すざくいん》の愛娘の女三の宮。二十二歳で正妻の葵の上を喪って以来、紫の上とは内縁の関係でしたので、十八年振りに迎えた正妻でした。院となった彼にはその地位に釣り合う高貴な妻が必要と見なされたためですが、それは彼自身の漏らした不満でもありました。この結婚は糟糠の妻・紫の上を苦しめ、一方ではかねて女三の宮に求婚していた公達《きんだち》・柏木を苦しめ、やがて紫の上が発病した時、柏木を女三の宮への密通に奔らせてしまいます。このことにより女三の宮は懐妊し、出産後に出家、柏木は事を知った光源氏に睨まれて衰弱死します。皇族になり王威を手に入れたことは不幸のはじまりだったのです（図5）。

柏木は、死の床に就いて、女三の宮との間をとりもった女房・小侍従にこう言います。

かの御心にかかる咎を知られたてまつりて、世に永らへむこともいとまばゆくおぼゆるは、げに、ことなる御光なるべし。（「柏木」）

［大意］あの院の御心に私のこんな密通の罪を知られてしまって、この世に生き永らえることも恥ずかしいと思ってしまうとは、なるほど、院の御威光は尋常でない光なのだろうよ。

柏木は光源氏の〈光〉を死ぬほどまばゆいと言い表しています。彼にとってそれは目が眩むほど強烈な威光であり、実際この後、彼を死に至らせてしまうのです。この〈光〉が意味するのは、院という身分の威光だけではないでしょう。柏木は物語の中で、ずっと光源氏を尊敬し慕ってきました。そのことが、光源氏を裏切って咎められた時、裏返しの罪悪感と恐怖となって柏木を苦しめたのです。光源氏のすべての美質が威光となって、柏木に光の矢を放ち、彼を死なせる。ここでの光源氏の〈光〉は恐ろしい光です。物語は、美質であるはずの〈光〉がこうした攻撃的な闇の力にも転じうることを言っているのです。第一部で光源氏の〈光〉をあれほど賛美した『源氏物語』の大きな変化です。第

図5　光源氏と女三の宮系図

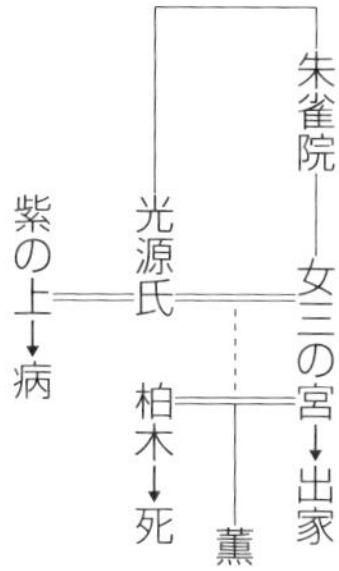

二部に至って、物語は驚くほど深化したと言えます。

光源氏の自嘲

柏木に否定的に受け止められた光源氏の〈光〉ですが、では光源氏自身は、それらの〈光〉——世の掟を超える愛の力、外見の美しさ、王威の力——についてどう考えるに至ったのでしょうか。実は物語からは、彼が晩年にはそのすべてに否定的な思いを抱いていたことが読み取れます。

柏木が亡くなり、彼と女三の宮との間の不義の子・薫が誕生五十日を迎えた日、その祝いの席で、光源氏は初めて薫を抱きます。それまでは、この赤子を抱くことができなかったのです。光源氏の心は裏切られたことの衝撃やみずからの老いを認めざるを得ない敗北感で傷ついていました。しかしこの祝いの日、女房たちに不審に思われまいとの憚りから薫を抱いて、光源氏の心は変わります。彼は薫に柏木の面影を見つけ、若くして死んだ柏木を「あはれ」と思います。柏木の死後はじめて、彼への哀悼の思いが湧いたのです。

その時光源氏は、白居易の詩「自嘲」の一節をつぶやきます。

「静かに思ひて嗟《なげ》くに堪へたり」とうち誦じたまふ。五十八を十取り捨てたる御齢なれど、末になりたる心地したまひて、いとものあはれに思さる。「汝が爺《ちち》に」とも諫めまほしう思しけむかし。(「柏木」)

〔大意〕「私は静かに思いをかみしめ、嘆きをこらえている」院は低い声で詩をくちずさんだ。五十八歳で子を授かった詩人の詩だ。院はまだ五十八歳まで十年もある。だがもう自分の人生が終わりに近づいた気がして、心の深い部分が泣いているのだ。この詩の続きには「お前の父に似るなよ」とある。その忠告も心をよぎったにちがいない。

詩の題名「自嘲」は、晩年に子を得た白居易が照れてつけたものですが、ここでは光源氏自身の痛切な思いを表していると考えます。詩の内容は、自分は老年なのでこの子と長くは過ごせまいと嘆きつつ、赤子を宝石のような宝と喜ぶものです。今の光源氏の心とは、どんなにかけ離れていることか。ただ詩の最終句だけが、皮肉にも光源氏の心と重なります。

その句は、「頑愚《がんぐ》は汝《なんじ》の爺《ちち》に似ることなかれ（頑固で愚かなところは、おまえの父に似るなよ）」。詩人が自分を謙遜し子どもに期待を込めた言葉ですが、光源氏の場合は違います。「頑固で愚か」は、そのまま薫の二人の父――実父の柏木と養父の光源氏――の恋のあり方でした。柏木は女三の宮に七年間恋し続け、光源氏は藤壺に八年間恋し続けました。その執着心は二人ながら頑迷です。そして柏木は密通により女三の宮を苦しめ、懐妊・出産後は出家へと奔らせました。光源氏も同じく密通により藤壺を苦しめ、彼女は死後亡霊となって、冥界で苦患を受けていると光源氏に訴えました。柏木と光源氏、二人の恋はどちらも女を苦悩させる愚かな恋だったと言えます。頑固で愚かな二人の父。ここで光源氏は、柏木と自分に共通する「世の掟を超えた過激な恋」という生き方を否定し、自嘲しているのです。

美しい外見は無意味

五十一歳の時、光源氏は愛妻の紫の上に死なれます。光源氏が十八歳の時、まだ少女だった彼女と北山で出会い、二十二歳の時に正妻葵の上を亡くしてのち男女の仲となって以来、彼を三十年近く支えてくれた妻との別れでした。彼は寝ても起きても涙が乾く時のない日々を過ごします。そして過去を振り返り、自分の人生の意味をはじめて悟ります。

いにしへより御身のありさま思し続くるに、鏡に見ゆる影をはじめて、人には異なりける身ながら、いはけなきほどより、悲しく常なき世を思ひ知るべく仏などの勧めたまひける身を、心強く過ぐして、つひに来し方行く先もためしあらじとおぼゆる悲しさを見つるかな、（「御法」）

［大意］過去を振り返り自分の人生を思えば、自分は鏡に映る顔形からして人より抜きんでた男だった。だが幼いころからたくさんの人に死に別れ、人の命には限りがあるという悲しい真実を思い知らされてきた。それは私の身を通して仏がそう教えてくださっていたのだ。だのに私はそれに気づかぬふりをして強気で生きてきた。だがついに過去にも未来にも味わうことのない悲しみに遭ってしまった。

光源氏の「鏡に見ゆる姿」は、幼少期に世の人が「光る君」と呼んで愛でた美貌の姿でした。しかし、それは人生の何ほどの真実でもなかったと、彼は思い知ります。自分の人生とは、大切な人を喪い続ける愛別離苦の連続だった、ずっと目を背けて来たけれど、今度こそはこの真実と向き合わなくてはならないと。美という〈光〉は無意味だったと、光源氏は自己否定しています。

高貴な出自も無意味

紫の上の死後、光源氏は人前に出ず引きこもり、ただ彼女への哀悼と人生の回顧反省だけの時間を、一年以上も過ごします。その間に彼は、長年彼や紫の上に仕えた女房を相手に、次のように述懐しました。

この世につけては、飽かず思ふべきことをさをさあるまじう、高き身には生まれながら、また、人よりことにくちをしき契りにもありけるかなと思ふこと絶えず。世のはかなく憂きを知らすべく、仏などの掟てたまへる身なるべし。（「幻」）

［大意］人生については、不満に感じることなどほとんどあるはずもなく、高貴な血筋に生まれながら、一方では人と違って無念な運命のもとにあると思うことも絶えなかった。人生がはかなくつらいものであることを知らしめようと、仏などがそうお決めになった身の上なのだろうな。

述懐の内容は「御法《みのり》」の巻のものの繰り返しですが、ここで彼は「高き身」に生まれたこと、つまり皇子という出自についても、苦という人生の本質を補うものではなかったと言っています。そもそも光源氏が皇子として生まれることが、『源氏物語』の第一部にとっては最も重要な設定であったはずなのに、です。

彼が皇子であり、とはいえ母の身分のため皇統から外され、しかし彼自身の〈光〉である美貌や超人的恋愛力を発揮しつつ生きていたところ、結果として皇統に迎えられた。『源氏物語』第一部はこのようにまとめることができます。つまり「天皇になれなかった皇子が准上皇になった物語」ということです。しかしこの第二部終盤に至って、物語は自分自身の核としていたものを否定しています。一般に物語にとって、主人公の外見の美貌は不可欠のはずです。高貴な生まれも、当時の読者には大きな魅力に違いありません。そのような主人公が恋の冒険を繰り広げ、驚くべき出世を果たす。『源氏物語』第一部は、そんな娯楽作品の王道として確かに成功したと言えます。しかしそれら自分自身の価値観を、『源氏物語』の第二部は全否定するのです。

5　新しい光

ひきこもりの後に

光源氏の〈光〉は彼に自己否定されて、そのまま消えてしまうのでしょうか。そうではありませんでした。紫の上の死の翌年、涙と追悼で四季を過ごした彼は、年末となった師走も半ば過ぎ、「仏名」という仏事で久しぶりに人々の前に姿を現します。その時彼は心にある決意をこめていました。出家です。

その日ぞ、出で居たまへる。御容貌、昔の御光にもまた多く添ひて、ありがたくめでたく見えたまふを、この古りぬる齢の僧は、あいなう涙もとどめざりけり。（「幻」）

［大意］その日、光源氏の君は久々に皆の前に姿を現わされた。ところがその容貌は昔の光に満ちた容貌よりもさら

に光輝く、ありがたく素晴らしいお姿と見て取れた。年老いた僧は涙を止められなかった。

仏名のためやってきた老僧の目に、光源氏は過去よりもさらに輝く光芒をまとっていると見えたのです。外見の美、恋の力、権力。これら光源氏の過去の〈光〉は、現世の価値であり、仏教においてはいわゆる煩悩そのものでした。しかし彼はいまやそうではない〈光〉、新しい別の〈光〉を手に入れたようです。俗人ではなく僧の目にそれが見て取れたこと、光源氏が翌年の出家を決心していることから推測すれば、この〈光〉は仏の光、衆生の無明を照らす真如の光と察せられます。

歳末、光源氏は独り和歌を読みます。『源氏物語』中の、光源氏による最後の和歌です。

物思ふと過ぐる月日も知らぬ間に年もわが世も今日や尽きぬる（「幻」）

［大意］悩み迷いながら、月日がたつのも知らずにいた間に、もう年の暮れか。私の世俗の人生も今日で幕を閉じるのだな。

この後、彼が慌ただしく正月の来客への引き出物などを指示する一文で、光源氏の『源氏物語』は終わります。まもなくの仏道精進を心に決め、俗人の年最後の日を生きる姿です。光源氏は曲折を経て、ようやく真の光、悟りへと歩み始めたと言えるでしょう。

『源氏物語』の深化と〈光〉

このように、光源氏の〈光〉は、『源氏物語』のテーマとともに変化しています。第一部では、それは美、恋の力、権力でした。これらは、『源氏物語』以前の古物語が理想とした価値観でした。『源氏物語』も最初はこの枠組みの中で書き始められたのです。その時作者が目指していたのは、主人公の恋と冒険、出世をテーマとした娯楽的な物語でした。そこでは、主人公の「光」というあだ名はまさしく彼の目指すゴールを示していました。

しかし、主人公が現世の夢を獲得した後の第二部では、物語のテーマは現世の到達のはかなさとそれへの覚醒、新生光源氏の誕生へと深化します。物語は主人公の打ち立てた理想世界を崩壊させ、彼を苦悩に陥れます。そんな中で彼は自らの〈光〉を一旦消し去り、真の光を目指すことになります。物語史上独自の境地へと、『源氏物語』は踏み出しました。

さらに、『源氏物語』にはまだ先があります。光源氏の退場に続く「匂兵部卿《におうひょうぶきょう》」の巻の冒頭文は、「光隠れ給ひにし後」。光源氏が亡くなった後、光が消えた後を描くと宣言しています。その言葉通り、いわゆる宇治十帖は、光源氏のような特別な〈光〉を持ったヒーローの物語ではありません。愚かな衆生《しゅじょう》である登場人物たちが、光のない世界を迷いながら生き続ける物語です。そこでは、光源氏を救済したはずの出家という行為すら、疑いをもって見つめられています。『源氏物語』はみずからが拓いた境地をまたもや壊し、さらに新しい世界を打ち立てていくのです。

参考文献

金子沙都　二〇〇六「光源氏の「光」―光の具現と指示する内容―」(『高知女子大学文化論叢』八)
河添房江　一九九八『源氏物語表現史　喩と王権の位相』翰林書房
河添房江　二〇〇五『源氏物語時空論』東京大学出版会
工藤重矩　一九九四『平安朝の結婚制度と文学』風間書房
遠山美都男　二〇一五『名前でよむ天皇の歴史』朝日新聞出版
西沢正史監修　二〇〇五『人物で読む源氏物語　光源氏』一・二、勉誠出版
藤田　覚　二〇一八『光格天皇』ミネルヴァ書房
山本淳子　二〇一三「光源氏の「自嘲」―『源氏物語』柏木巻の白詩引用―」(『中古文学』九二)

二　光源氏と紫の上、そして明石の君

福嶋昭治

「光源氏に迫る」というテーマにそって、光源氏とかかわりのあった多くの女君のうち、最も重きを置かれる紫の上と、最も身分の低い妻であった明石の君を取り上げ、光源氏という人間像を浮かび上がらせ、ひいては『源氏物語』の魅力ということについてもお話を進めたいと思います。

1　紫の上との出会い

北山での出会い

光源氏と紫の上の出会いの場面は、古典の教科書にも取り上げられてよく知られています。「若紫」の巻の一節です。

人なくて、つれづれなれば、夕暮れのいたうかすみたるにまぎれて、かの小柴垣《こしばがき》のほどにたちいでたまふ。人々は帰したまひて、惟光《これみつ》の朝臣《あそん》とのぞきたまへば、ただこの西面《にしおもて》にしも、仏据ゑたてまつりて行ふ尼なりけり。簾《すだれ》少しあげて、花たてまつるめり。中の柱に寄りゐて、脇息《けふそく》の上に経を置きて、いと悩ましげに読みゐたる尼君、ただ人と見えず。四十余ばかりにて、いと白うあてに痩せたれど、つらつきふくらかに、まみのほど、髪のうつくしげにそがれたる末も、なかなか長きよりもこよなういまめかしきものかな、とあはれに見たまふ。（「若紫」）

［訳］お側に人もいなくて、手持ち無沙汰であったので、夕暮れのずいぶん霞がたれこめているのに紛れて、あの小柴垣の所に立ち出でなさる。供人はお帰しになって、惟光朝臣とのぞかれると、ちょうどこの西面に、仏を安置申し上げて勤行しているのは、尼であった。簾を少し上げて、仏に花を供えていたようである。中の柱に寄りかかり、脇息の上にお経を置いて、とても大儀そうに読経している尼君は、並の身分の人とは見えない。四十過ぎくらいで、とても色白で上品で、痩せてはいるけれど、頬はふっくらとして、目もとや、髪がかわいらしげに切り揃えられている端も、かえって俗人の長いのよりも、この上なくモダンな感じだと感心して御覧になる。

光源氏は、病気治療のために北山の「なにがし寺」の行者を訪ねました。その行者は、寺の建物には住まず、一段高く山を上がった巌の中に住んでいました。加持祈禱が功を奏し一段落したときに光源氏は、家来たちと遠景の都やすぐ下の寺の建物などを眺めます。この時「明石」が話題になり、すでにこの時点で物語作者に紫の上と明石の君という身分的には対照的な二人を物語展開の軸に据えるという構想があったことが確認できます。山寺であるにもかかわらず俗人の女性の姿が見える下の僧坊に目を引かれます。宿泊するために寺に下りてから、先ほど気になっていた僧坊の垣間見を始めたのです。

光源氏ののぞいている西側の簾は、この尼が庭の草花を持仏に供えたばかりだったので、巻き上げられており、垣間見には都合がよかったのです。西側に仏を据えて勤行《ごんぎょう》しているとありますので、西方浄土の阿弥陀が念持仏であったことが確かめられます。尼は四十歳あまり、品格を備え、かつ、短く切りそろえられた髪の末などは、長い髪の毛よりもむしろ、モダンな感じがしてかわいらしいと光源氏は見ています。光源氏の女性を見る目は幅広く、抜かりがありません。当時の女性は、出家にあったては、頭をすべて丸めるということではなくて、身の丈の余るほどにあった髪を腰のあたりで切りそろえていたのです。

きよげなる大人《おとな》二人ばかり、さては童《わらは》べぞ出《い》で入り遊ぶ。なかに、十ばかりにやあらむと見えて、白き衣《きぬ》、山吹などのなえたる着て、走り来たる女子、あまた見えつる子どもに似るべうもあらず、いみじく生ひさき見えて、うつくしげなる容貌《かたち》なり。髪は扇をひろげたるやうにゆらゆらとして、顔はいと赤くすりなして立てり。「なにごとぞや。童べと腹だちたまへるか」とて、尼君の見あげたるに、少しおぼえたるところあれば、子なめりと見たまふ。「雀の子を、犬君《いぬき》が逃がしつる。伏籠《ふせご》のうちに籠めたりつるものを」とて、いと口惜《くちを》しと思へり。このゐたる大人、「例の、心なしの、かかるわざをしてさいなまるるこそ、いと心づきなけれ。いづかたへかまかりぬる。いとをかしうやうやうなりつるものを。烏などもこそ見つくれ」とて立ちて行く。髪ゆるるかにいと長く、めやすき人なめり。少納言の乳母《めのと》とこそ人言ふめるは、この子の後見《うしろみ》なるべし。

尼君、「いで、あな幼や。言ふかひなうものしたまふかな。おのが、かく、今日明日におぼゆる命をば、何とも思《おぼ》したらで、雀慕ひたまふほどよ。罪得《う》ることぞと、常に聞こゆるを、心憂く」とて、「こちや」と言へば、ついゐたり。つらつきいとらうたげにて、眉《まゆ》のわたりうちけぶり、いはけなくかいやりたる額つき、髪ざし、いみじううつくし。「ねびゆかむさまゆかしき人かな」と、目とまりたまふ。さるは、「限りなう心を尽くしきこゆる人に、いとよう似たてまつれるが、まもらるるなりけり」と、思ふにも涙ぞ落つる。（「若紫」）

〔訳〕こざっぱりとした女房が二人ほど、別に童女が出たり入ったりして遊んでいる。その中に、十歳くらいかと見えて、白い袿《うちぎ》に、山吹襲《かさね》などの、糊気の落ちたのを着て、駆け寄ってきた少女は、大勢見えた子どもとは比べものにならず、将来はたいそう美しく成長していくであろうと今から見受けられて、かわいらしげな姿である。髪は扇を広げたようにゆらゆらとして、顔はとても赤くこすって立っている。「どうしたの。童女とけんかなさったの」と言って、尼君が見上げると、少し似ているところがあるので、尼の子どもだろうと御覧になる。「雀の子を、犬君《いぬき》が逃がしちゃったの。伏籠の中に、閉じ籠めていたのに」と言って、とても口惜しがっている。そばにいた大人の女房は、「また、あのうっかり者が、こんな不始末をしてとがめられるのは、ほんとに困ったことです。どこへ行ってしまいましたか。ようやく、とてもかわいくなってきましたものを。烏などが見つけたら大変だわ」と言って、立って行く。髪はゆったりとても長く、見苦しくない女のようである。少納言の乳母と皆が言うようなのは、この子の後見役なのだろう。

尼君は、「何とまあ、いつまでも幼いことよ。どうしようもなくていらっしゃるのね。私が、このように、今日明日とも思われる命を、何ともお考えにならず、雀を追いかけていらっしゃる幼さよ。命を縛りつけることは罪を得ることですよと、いつも申しあげていますのに、辛いことです」と言って、「こちらへ、いらっしゃい」と言うと、ちょこんと座った。顔つきがとてもかわいらしげで、眉のあたりがほんのりとして、子供っぽく掻き上げた額つきや、髪の生え際は、大変にかわいらしい。「成長していくさまが楽しみな人だなあ」と、お目がとまりなさる。それと言うのも、「限りなく悩みの丈を尽くし申し上げているあのお方に、とてもよく似ているので、今まで視線が釘付けにされていたのだ」と気づくにつけて涙が落ちる。

十歳ばかりの少女は、雀の子が逃げてしまったとべそをかいています。乳母は、あら大変とすぐ雀の子を探しに行きます。しかし、尼は違います。むしろこの子をたしなめます。この少女の乳母といういわば雇われる立場である女房は、少女に言われるがままに、その意を受けて探しに行こうとしている。ところが、肉親である祖母、後文で実は祖母であり、この少女はすでに母を亡くしていて、出家している祖母に育てられているということが明らかになりますが、その祖母は、むしろ少女を説教する。少女に対する、立場の違う二人の人間の描き分けは見事です。

さて、この間のやりとりを注視していた光源氏は、突然、あこがれて止まないあの藤壺の面影を見いだしたのです。なぜ今まで自分がこの少女に引きつけられていたのか、それはあの人に似ているからだと、このとき気がついたのでした。そのとき、光源氏の目に涙があふれてきたのでした。

「気づきの涙」

人間の涙には二種類の涙があるように思います。一つは、生理的に痛いから泣くという涙。もう一つは、自分の状況への理解の上で泣く涙です。泣くということは感情的であるとされることですが、この後者の涙は、いわば理性的に泣くということです。無意識のうちに続けていた行動、あるいは思考、それが自分にとってはどういう意味のあるものであったかということがわかる機会がある。その時、これは泣くべき状況であるという理解に至って泣くというものです。「気づきの涙」と名付けるべき涙を私たちも流すことがあるのではないかと思います。源氏物語の具体的な人間理解と適切な描写は、ここでも、見事です。

やがて、この少女は、祖母に先立たれ、実の父兵部卿《ひょうぶきょう》の宮に引き取られようとした前日、光源氏は強引に引き取ってしまいます。そして、光源氏の愛情とこの少女自身の賢さもあって、やがて、光源氏の妻たちのなかで一の人という評価を得ることになる「紫の上」として成長していくのでした。

2　明石の君と紫の上と、それぞれの配慮

明石の君の立場

光源氏は、二十六歳にいたって人生最大の危機に陥ります。直接的には、朧月夜の君とのスキャンダルが原因ですが、朱雀《すざく》天皇を擁する右大臣・弘徽《こき》殿方の政治的圧迫によって、須磨退去という羽目に陥ります。二十六歳の春に都を出て須磨に向かった光源氏は、翌年の春三月に明石に移ります。光源氏にとっては須磨退去は偶然の出来事でありながら、それを必然のように待ち受けていた明石の入道が光源氏を迎えたのでした。明石の入道には、当時十八歳の娘がありました。明石の入道は、光源氏を迎えるや、我が娘と光源氏の結婚の意向をくり返し光源氏に訴えます。後の巻で読者には明らかにされるのですが、明石の入道は、大臣家の跡継ぎという立場でありながら、貴族的社交界で身を処す才には恵まれず、播磨の守という地方官に落ちぶれ、そこでも失政があり都に帰ることもあきらめ、出家もしてしまって播磨に住みついていたのでした。

入道は、娘が生まれる年に不思議な夢を見ていました。その夢は、我が家から天皇と皇后が出るというさとしでした。しかし、今や遙かに遠い夢となってしまっていました。そこへ光源氏の須磨退去です。入道はその知らせを聞くや一瞬のうちにシミュレーションを描いたのでした。光源氏を明石に迎える。そして、娘と結婚してもらう。その娘が孫娘を生む。その孫は、光源氏の娘である以上、やがて政治的に復活を果たすに違いない光源氏の娘として、当然皇太子または天皇と結婚することになる。そして、孫娘は皇太子または天皇との間で男皇子に恵まれる。その男皇子は、光源氏という外祖父の力で、皇太子から天皇となっていく、孫娘は皇后や皇太后になりうるという図式です。

はじめは相手にしなかった光源氏も、入道の熱心さにほだされ、明石に移った年の秋に明石の君と結ばれます。翌年の六月には、明石の君に懐妊の兆しが現れます。皮肉にも、ある意味ではそうでなければ明石の入道にとっても困ることでもあったのですが、その一ヵ月後の七月には、光源氏召還の二度目の宣旨《せんじ》が下ります。

帰京の翌年、二月には、朱雀天皇の譲位、冷泉《れいぜい》天皇の即位があり、光源氏は内大臣に昇任し政治的な復活を果たします。そして、三月には明石の地での姫君の誕生があったのでした。

光源氏は、無事、須磨・明石から帰京することができたお礼参りに、姫君誕生の年の秋に、摂津の住吉神社への参詣を果たします。その同じ日に、明石の君は恒例にしていた住吉詣でに海路やってきたのでした。光源氏を迎えて二年ほどご無沙汰していたお詫びも込めた参詣でした。住吉の浜辺に近づくや、渚は人が満ちあふれ、立派な行装の上流貴族たちの姿も見受けられます。「どなたのお参りで」とたずねた明石の一行に対して、身分の低い供の男が「内大臣殿《うちのおほいどの》の御願《ぐわん》果たしに詣でたまふを、知らぬ人もありけり」（「澪標」の巻）と笑うのでした。「なんと、内大臣様となられた光源氏の、都中を響かせている住吉詣でを知らない連中もいたのか。田舎者め」と笑い飛ばされたのでした。他でもない光源氏の子をなした明石の君が、光源氏の住吉詣でを全く知らされもせず、「田舎者」と嘲笑の対象にされてしまっている。それが、明石の君の置かれた立場なのでした。

明石の君の上京

光源氏は、明石で生まれてしまった姫君をできるだけ早く都に呼び寄せようとします。光源氏は、明石の姫君が誕生した頃、宿曜《すくよう》の占い（星占い）によって、子どもは三人であり、二人の男子は天皇と太政大臣に、一人の娘は皇后となると預言されていたのでした。とすれば、明石で生まれた姫君は、将来の皇后候補として、一日も早く都の空気に触れさせなければならなかったのです。だから光源氏は、自邸の二条院の東隣に、邸宅を新たに構え、そこに明石の君の住まいも確保したのです。

しかし、明石の君は迷い続けます。都に上ったところで、いかに光源氏の子をもうけたからと言って、身分的には最低の評価を得るしかない立場をかみしめるのでした。だからといって、このまま明石に住み続けて、姫君を明石の地に埋もらせたままでは不憫《ふびん》である。そんな迷いの末、一つの決断に至ります。母方の曾祖父が持っていた山荘が嵯峨野《さがの》にあることを思い出し、そこを管理人に手入れをさせた上で、明石から赴くことにしたのです。その間は、光源氏にはまったく相談をしないでいたのです。決めてから光源氏に知らせています。

かやうに思ひ寄るらむとも知りたまはで、上らむことをもの憂《う》がるも、心得《こころえ》ず思《おぼ》し、「若君の、さてつくづくとものしたまふを、後の世に人の言ひ伝へむ、今一際《ひときは》、人悪ろき疵《きず》にや」と思ほすに、造り出でてぞ、「しかしかの所をなむ思ひ出でたる」と聞こえさせける。「人に交じらはむことを苦しげにのみものするは、かく思ふなりけり」と心得たまふ。「口惜《くちを》しからぬ心の用意かな」と思《おぼ》しなりぬ。（「松風」）

［訳］このように考えついていようともご存知なくて、上京することを億劫がっているのも、わけが分からずお思いになって、「若君が、あのようなままひっそり淋しくしていらっしゃるのを、後世に人が言い伝えては、もう一段と、外聞の悪い欠点になりはしないか」とお思いになっていたところに、完成させて、「しかじかの所を思い出しました」と申しあげたのであった。「人なかに出て来ることを嫌がってばかりいたのは、このように考えてのことであったのか」と合点が行きなさる。「なかなかよく考えた配慮ではないか」とお思いになった。

光源氏は、明石の君が上京を納得しないことを不審がっていたのです。しかし、嵯峨野という、都の郊外に明石の君が移るということを聞いたときに、瞬時にしてそのことの意味と明石の君の賢明さを理解したのでした。つまり、明石の君が、光源氏が用意した都の住まいに入らなかったのは、光源氏の多くの結婚相手と同じ条件で比較されることになるからです。そうなると、最低の身分という評価が確定してしまう。だから、都の郊外にいる唯一の妻という独特の立場を取る。唯一なら常に一番です。もう一つの理由は、光源氏を、自邸に婿として迎えるという立場を確保するということです。正式の妻として扱われる最低条件だったからです。

光源氏は、明石の君から嵯峨野に移るということを知らされた時に、移り住むべき住まいも自邸のすぐ隣に用意しているのに、出かけるにも遠い嵯峨野とはと納得がいかず腹を立てても当然だったでしょう。しかし、光源氏は違ったのでした。明石の君の思いを瞬時に理解し、かつ「口惜しからぬ心の用意かな」（見事な配慮ではないか）と賞賛したのでした。

光源氏の魅力ということについては、それはもう当然のこととして語られているのですが、それは、血筋にも恵まれ、美貌と才能とに恵まれている点に集中しがちですが、実は、光源氏の何よりの魅力は、自分との関係を大切に思い、さまざまな困難な状況の中で、みずからの立場をわきまえつつどのような行動を取ることが望ましいことかと常に精一杯考えている女君たちの配慮というものを、他の誰よりも早く理解する能力を備えているということ、それこそが、光源氏の魅力の最たるものだったのです。

紫の上の配慮

光源氏は、嵯峨野に移ってきた明石の君の配慮への十分な理解を示しながら、同時に、政治的立場のある身としての将来への布石は、着々と果断に打ち出して行きます。明石の君が嵯峨野に移ったのは、光源氏三十一歳の秋のことでした。その年の冬には早くも、姫君を明石の君から引き取り、紫の上に育てさせることにしたのでした。受領階層の娘で明石育ちの明石の君は、近い将来に皇太子や天皇と結婚することになるはずの姫君を育てる資格はなかったのでした。

紫の上は、その後八年にわたって姫君を愛育します。そして、光源氏三十九歳、姫君十一歳の年の四月に、姫君は、皇太子と結婚することになります。明石の君は、この八年間、娘との手紙のやりとりもあり、同じ六条院に住むようになってはいても、一度も対面する機会はなかったのでした。光源氏にすれば、結婚の晴れの機会に、成長した姫君の娘の姿を実母に見せてやりたい。しかし、紫の上にはやはり言いにくい。人間、本音はなかなか口にしがたいものなのです。そこは周囲の忖度《そんたく》が必要です。

かくて、御参りは北の方そひたまふべきを、常にながながしうえそひさぶらひたまはじ、かかるついでに、かの御後見《うしろみ》をやそへまし、とおぼす。

上も、つひにあるべきことの、かく隔たりて過ぐしたまふを、かの人もものしと思ひ嘆かるらむ、この御心にも、今はやうやうおぼつかなくあはれにおぼし知るらむ、かたがた心おかれたてまつらむもあいなし、と思ひなりたまひて、「このをりにそへたてまつりたまへ。まだいとあえかなるほどもうしろめたきに、さぶらふ人とても、若々しきのみこそ多かれ。御乳母たちなども、見及ぶことの心いたる限りあるを、みづからはえつとしもさぶらはざらむほど、うしろやすかるべく」と聞こえたまへば、いとよく思《おぼ》しよるかなとおぼして、「さなむ」とあなたにも語らひのたまひければ、いみじくうれしく、思ふことかなひはべるここちして、人の装束《さうぞく》、なにかのことも、やむごとなき御ありさまに劣るまじくいそぎたつ。（「藤裏葉」）

［訳］こうしたことがあったが、さて、姫君の入内には北の方のお付き添いになるのが慣例であるけれど、「そういつまでも長い間紫の上が付き添い申しているわけにもいくまい。こうした機会に、あの実の母君を御後見役に付き添わせるのはどうだろうか」と、光源氏の君はお考えになる。

紫の上も、親子の対面はいずれはあることでありながら、今のように離れ離れに過ごしていらっしゃるのを、明石の君も辛く嘆いていることだろう。この姫君のお気持ちとしても、今はだんだん実母のことが気がかりにもなり、せつない気持ちになっておられることだろう。このお二人から気まずく思われ申し上げるのも不本意なことだ」とお考えになるようになり、「この機会に母君を姫君に付き添わせておあげなさいませ。ほんとに幼いお年頃なのも心配ですし、お仕えする女房といっても、年若い人ばかりが多く、御乳母たちなどにしても、目の行き届くところは限度というものがありましょうし、私自身もずっとおそばにお付きすることはできませんので、安心できますように」と申しあげなさると、光源氏の君は、よく思い付きなさったことだ、とお思いになって、「こういう次第で」とあちらの明石の君にも話して聞かせなさったので、たいそううれしくて、ついに長年の望みが成就したという心地がして、女房の装束や何やかやのことも、やんごとない紫の上様の様子に劣らないようにと明石の君方は準備を始めるのだった。

紫の上は、誰に恩を着せるという形ではなくて、自らが責の重さには長く耐えられないという、いわば自分を悪者にしつつ、光源氏に提案したのです。ここでも、光源氏は、瞬時に紫の上の物言いの見事さを理解し「いとよく思いつかれたことよ」と喜んでいます。もちろん、「あなたも歳で、長くは重責には堪えられなくなったのかね」などと、無理解で野暮なことは言いません。

光源氏の本当の魅力

身分的は両極端にいる紫の上と明石の君、この二人は、運命づけられた状況の中で、立場をわきまえ、思い上がることなく、最大限の配慮を尽くした上で光源氏との適切な関係を確立していた優れた人たちでした。

そして、大切なことは、そういう女君の気持ちの有り様、配慮というものを、他の誰よりも理解する気持ちと能力を光源氏が備えていたということです。配慮というものは、他人に認めてもらおうと働かせるものではありません。しかし、わかってもらえたら嬉しい。だから、光源氏は魅力ある人だったのです。

3　明石の君を認める紫の上

紫の上と明石の君の対面

さて、いよいよ、紫の上と明石の君がはじめて対面する機会が訪れました。

三日過ごしてぞ、上はまかでさせたまふ。たちかはりて参りたまふ夜、御対面あり。「かく大人びたまふけぢめになむ、年月のほども知られはべれば、うとうとしき隔ては残るまじくや」と、なつかしうのたまひて、もの語りなどしたまふ。これもうちとけぬるはじめなめり。ものなどうち言ひたるけはひなど、むべこそは、とめざましう見たまふ。またいとけだかう盛りなる御けしきを、かたみにめでたしと見て、そこらの御なかにもすぐれたる御心ざしにて、ならびなきさまに定まりたまひけるも、いとことわりと思ひ知らるるに、かうまでたち並びきこゆる契り愚かなりやは、と思ふものから、いでたまふ儀式《ぎしき》のいとことによそほしく、御輦車《てぐるま》など許されたまひて、女御の御ありさまにことならぬを、思ひくらぶるに、さすがなる身のほどなり。（「藤裏葉」）

［訳］三日間を過ごして、紫の上は宮中をご退出になる。入れ替って明石の御方が参入なさる夜、はじめてお二人は対面なさる。

上は、「こうも姫君がご成人あそばした節目を迎えるにつけても、お預りして以来の長い年月のほども知られますから、あなたとはもう他人行儀な遠慮はございますまいね」と、やさしくおっしゃって世間話などをなさる。これも、このお二方が打ち解けるようになった糸口なのであろう。明石の御方が何かものを言ったときの物腰など、大臣がこの人を大事になさるのももっともなことと、紫の上は目を見はる思いでごらんになる。

また、御方のほうでも、上の気高いお年盛りのご容姿を、ご立派なことと感じ入って、「大勢いらっしゃる女君方のなかでも大臣の君の格別のご寵愛で、並ぶ者もない立場に定まっていらっしゃるのも、まことにもっともなこと」とうなずかずにはいられないが、それにつけても、「このようなお方とこれほどまでに立ち並び申しあげるわが身の運勢はいい加減なものではない」とは思うものの、さて、その紫の上が退出なさる作法がまことに美々しく、御輦車の勅許をいただいたりなさって、女御の御扱いと変るところがないので、思い比べてみると、なんといっても段違いのわが分際にすぎないのであった。

入内後三日目、紫の上はみずからの提案の通り、宮中から下がります。そして、明石の君が入れ替わって上がってきます。はじめての二人の対面です。紫の上は、姫君をお世話して八年、私への恨みは時効にしてねと優しく語りかけます。それに応える明石の君の物言いとそこからうかがえる人となりに「むべこそは」と紫の上は納得しています。もっともなことだ。つまり、たった一人の姫君を生んだ女性とはいえ、身分的には、さほどでもない明石の君に対する光源氏の気持ちは、あきらかに特別なものがあると紫の上はかねて見抜いていたのでした。その明石の君を目の前にして、紫の上は、光源氏の思い入れがもっともなことだと納得したのです。こんなすてきな人だから光源氏は惹《ひ》かれて当然とわかったのです。明石の君の人柄の見事さを認めつつ、同時に、「めざましう見たまふ」、めざましは腹立たしいと言うことです。紫の上は、冷静な明石の君の評価だけに止まってはいられなかったのです。「何よ、いい女じゃないの」という腹立たしさを同時に感じていたのでした。源氏物語の人物造形は奥行きがあります。一方、明石の君は明石の君で、たくさんの結婚相手のなかで、紫の上こそ一の人という評価をされているのも当然のことだと、その人柄の見事さを認めたのでした。

優れた人同士の、緊張感と親しみの情、ともにあふれた出会いだったのでした。明石の君は、女御にも匹敵する勢いに包まれて退下していく紫の上を見送りつつ、あのような人に目通りを許され直接話のできる自らの運命の重さとやはり隔絶した身分の差をかみしめるのでした。

明石の君の存在の重さ

明石の君の人柄の見事さを認める紫の上の明石の君に対する評価は、確定的なものになっていきます。

対の上、こなたに渡りて、対面したまふついでに、「姫宮にも、中の戸あけて聞こえむ。かねてよりもさやうに思ひしかど、ついでなきにはつつましきを、かかるをりに聞こえ馴れなば、心やすくなむあるべき」と、大殿《おとど》に聞こえたまへば、うち笑みて、「思ふやうなるべき御語らひにこそはあなれ。いと幼げにものしたまふめるを、うしろやすく教へなしたまへかし」と、許しきこえたまふ。宮よりも明石の君の恥づかしげにてまじらむをおぼせば、御髪《みぐし》すまし、ひきつくろひておはする、たぐひあらじと見えたまへり。（「若菜上」）

［訳］紫の上がこちらにお越しになって、明石の姫君にご対面になるそのついでに「女三宮様にも、中の障子を開けてご挨拶申しあげましょう。以前からそう思っておりましたが、適当な機会でもなければはばかられることですので、このような折に親しくしていただけるようになりましたら、気持ちが落ち着きますしょう」と光源氏に申しあげなさるので、にっこりなさって、「それこそ私の思い通りのお付き合いというものです。女三宮はまことに幼げでいらっしゃるので、不安がなくなるように良くお教え申しあげて下さい」とお許し申しあげなさる。女三の宮とのご対面はともかくとして、それよりも、明石の君という人が、こちらが気遣いをしなければいけない雰囲気を漂わせながら明石の姫君のおそばに控えているにちがいないとお察しになりつつ、紫の上が御髪を清め身づくろいを整えていらっしゃるお姿は、世にまたとない美しさと見受けられるのであった。

明石の姫君の皇太子への入内の翌年、光源氏は女三宮と結婚します。光源氏が紫の上と暮らしている六条院の春の町へ正式の妻として女三宮が降嫁してくるのです。この結婚の成り行きや意味については、今は触れませんが、紫の上は、光源氏の側で築き上げてきたみずからの立場が根底から揺るがされるような状況に陥りながら、女三宮を迎える光源氏の手伝いをみずから進んでするのです。

この結婚は光源氏四十歳の二月のことだったのですが、同じ歳の夏、明石の姫君が懐妊のために六条院に下がってくることになったのです。六条院の春の町は、寝殿の西半分に女三宮は住み、東半分は、明石の女御の実家として確保されていたのです。その里下がりしてきた明石の女御に当然、紫の上は挨拶に赴くのですが、そのとき、寝殿の中の隔てのふすまを開けて、女三宮へも挨拶にうかがいたいと光源氏に申し出たのでした。光源氏は、紫の上から女三宮に出向いて挨拶してくれることは、紫の上が分をわきまえ、平和な関係を作ってくれることであり、本来喜ぶべきことではあったのですが、同時に光源氏は、紫の上は、一目で女三宮の幼さを見抜いてしまうだろうという危惧も感じたのでした。しかし、光源氏は、紫の上の挨拶自体を遮ることはできない。

この紫の上の申し出は、いわば、御三宮との結婚に今までじっと耐えるしかないという態度をとり続けてきた紫の上が攻撃に転じた一手だったのです。女三宮の幼さをすでに十分見抜いていて、そんな女三宮と周囲に、みずからの存在の重さを見せつける挑戦的機会であったのです。

光源氏に許された紫の上は、女三宮へ赴く身だしなみを整えます。そのとき意識していたのは、女三宮ではなくて、最近は、明石の女御に付き従うことが常になっている明石の君が、明石の女御の側にいる。その人を意識しつつ、髪を洗い化粧をしていると源氏物語は書いているのです。

明石の君の存在の重さは、光源氏は当然のこととして、紫の上こそが認めていたと言っている描写です。

4　桜の紫の上と橘の明石の君

明石の君は紫の上と等しいという評価

源氏物語には、主な女君を草花にたとえているところがあります。紫の上は、「野分」の巻では「春の曙《あけぼの》の霞の間より、おもしろき樺桜《かばざくら》の咲き乱れたる」とたとえられ、「若菜下」の巻の女楽《おんながく》の場面では「花といはば桜にたとへても、なほものよりすぐれたるけはひ」と、桜にたとえてもなおあまりある魅力とされています。これに対して、明石の君は、女楽の場面で「五月待《さつき》つ花橘《はなたちばな》、花も実も具《ぐ》しておし折れる薫りおぼゆ」と描写されています。

このたとえの意味を考えるのに、『枕草子』の「木の花は」という段に示唆《しさ》的な描写があります。

木の花はこきもうすきも紅梅。桜は、花びらおほきに、葉の色こきが、枝ほそくて咲きたる。藤の花は、しなひながく、色こく咲きたる、いとめでたし。

四月のつごもり、五月のついたちの頃ほひ、橘の葉のこくあをきに、花のいとしろう咲きたるが、雨うちふりたるつとめてなどは、世になう心あるさまにをかし。花のなかよりこがねの玉かと見えて、いみじうあざやかに見えたるなど、朝露にぬれたるあさぼらけの桜におとらず。

枕草子は、季節を追って好ましい木の花を列挙していくのですが、春の花として、まず梅を挙げ、そして桜、藤の花を当然のように取り上げています。そして、夏の橘。濃い緑の葉に、真っ白な花が咲き、それが夜来の雨に濡れた明け方の風情は誠に奥ゆかしい。さらに、花の間に去年の実が黄金色に見受けられた時などは、朝露にぬれた桜の花のすばらしさに劣らないと言っているのです。

『枕草子』を連立方程式を解く一つの式と見立てれば、明石の君は紫の上に劣らないといっていることになります。『枕草子』を紫式部が読んだ上で源氏物語を執筆していたかどうかは証明のしようがありません。ただ、『枕草子』に見られる木の花に対する評価は、平安時代の常識的な評価とそれほど隔絶したものでないと見ることは許されるのではないでしょうか。そうすれば、紫の上と明石の君という光源氏の結婚相手としては、身分上、最も隔たっていたはずの二人は、同等に優れた人たちであったと『源氏物語』は位置づけているものと読み取ることができるでしょう。

そして、『源氏物語』は、源氏との関係ができたばかりに、かえって苦悩を背負い込む状況にあっても、そのことを光源氏のせいにしないで、できうることの中から最善の方途を見いだし乗り越えていく、賢明な女性を描く物語であったということも読み取ることができます。

さらに、そうした賢明な女性の、控えめな配慮を、真っ先に理解できる能力こそが、光源氏の魅力の最たるものであるということも、書き込まれている物語であったのです。

それでもなお紫の上こそ

『源氏物語』「御法《みのり》」の巻では、光源氏と養女の明石の姫君に看取られて亡くなっていく紫の上が描写されます。亡くなる直前の紫の上は、

来し方あまり匂ひ多く、あざあざとおはせし盛りは、なかなかこの世の花の薫りにもよそへられたまひしを、限りもなくらうたげにをかしげなる御さまにて、いとかりそめに世を思ひたまへるけしき、似るものなく心苦しく、すずろにもの悲し。(「御法」)

〔訳〕今まで匂い満ちて華やかでいらっしゃった女盛りは、かえってこの世の花の香にも喩えられていらっしゃったが、今や、この上もなく可憐でお美しいご様子で、本当にこの世をかりそめのものと思っていらっしゃる様子は、他に似るものもなくおいたわしく、ただただ物悲しい。

若い盛りであった頃の紫の上の美しさは、かえって花の美しさにたとえられるものであった。ここに至った紫の上の美しさは、花などにたとえてしまえば、それですまされるものではなくなっている。万物を超越した美しさに至っているというのです。このことは、すでに、「若菜下」の女楽のたとえのところで匂わされていたことですが、ここで明言しています。

紫の上の最期を書くにあたって、作者は最大の賛辞を紫の上に送っています。

まるで、それが紫上への弔辞でありかつ鎮魂歌であるかのごとくです。

参考文献

阿部秋生・秋山虔・今井源衛・鈴木日出男　一九九四―九八　『源氏物語』全六巻（『新編日本古典文学全集』）、小学館

石田穣二・清水好子　一九七六―八五　『源氏物語』全八巻（『新潮日本古典集成』）、新潮社

玉上琢彌　一九六五―六八　『源氏物語評釈』全十二巻、角川書店

福嶋昭治　二〇〇八　『源氏物語』カルチャー講座』扶桑社

増田繁夫　一九八七　『枕草子』（『和泉古典叢書』一、和泉書院

三　国母としての弘徽殿女御

栗山圭子

1　弘徽殿女御のイメージ

『源氏物語』の登場人物

「四百人以上といわれる『源氏物語』の登場人物のなかで、あなたは誰が好きですか?」このような問いにあなたは誰を思い浮かべるでしょうか。光源氏にとって永遠のあこがれである藤壺宮、最愛の妻である紫の上、個性的な容貌を持ちながらも、その純真さで源氏の心を打つ末摘花《すえつむはな》、あるいは匂宮《におうみや》と薫《かおる》という二人の男性に愛され悩む浮舟《うきふね》などが挙がるのではないでしょうか。これらの女性たちは、主人公である光源氏や薫とともに、作中人物論の対象としてもこれまで多くの研究蓄積があります。

では、「弘徽殿女御《こきでんのにょうご》」はどうでしょうか。

弘徽殿女御は、右大臣家の娘で光源氏の父桐壺帝のキサキとなり、光源氏の兄朱雀《すざく》帝の母となった女性です(なお、『源氏物語』には、桐壺帝の弘徽殿女御と冷泉帝の弘徽殿女御が登場しますが、本稿では前者を指します)。残念ながら「『源氏物語』のなかで好きな人物は?」という先ほどの問いに対する回答としては、あまり挙がってくることのない人物のように思われます。

弘徽殿女御＝「悪后」

たとえば、物語中で弘徽殿女御はこんなふうに描かれています。

- あな恐ろしや、春宮《とうぐう》の女御のいとさがなくて（意地悪な性格で）、桐壺更衣の、あらはに、はかなくもてなされにし例もゆゆしう（「桐壺」）
- 院のおはしましつる世こそ、憚《はばか》りたまひつれ、后の御心、いちはやくて（気性の激しいお方で）、「かたがた思しつめたることどもの報いせむ（これまであれこれと根に持っていらっしゃったことの仕返しをしよう）」と思すべかめり（「賢木」）
- いとどいみじうめざましく、「このついでにさるべきことども構へ出でむによきたよりなり」（大変腹を立てて、「こうした機会に源氏の君を陥れるべき手立てを講ずるにはちょうど都合がよい」）と思しめぐらすべし（「賢木」）

大変気性が激しく意地悪で、自分よりあとに入内《じゅだい》（内裏《だいり》に入り、天皇のキサキとなること）したにもかかわらず帝の寵愛を集める桐壺更衣を目障りなものとしていじめ、桐壺更衣を死に追いやっただけではなく、更衣の死後もその恨みを忘れず、遺児である光源氏の追い落としに執念を燃やす人物――。

以上に掲げた本文から浮かび上がる弘徽殿女御の人物像とは、まさしくヒール（敵役）そのものといえるでしょう。こうした「悪」のイメージが、弘徽殿女御を「好きな人ランキング」から遠ざけることになっているのではないでしょうか。

ですが、ここで弘徽殿女御は本当に「悪」なのか、という問いを立ててみたいと思います。実は、『源氏物語』研究の世界では、すでに「弘徽殿女御＝悪」とする一般的イメージに疑問を呈し、彼女の行動の妥当性を指摘する見解が提出されています（林田　一九八四、増田　一九九三）。桐壺帝と桐壺更衣の「純愛物語」、あるいは光源氏を主人公とする「栄華物語」においては、彼らに邪魔立てする弘徽殿女御は悪役に他なりません。しかし、弘徽殿女御を桐壺更衣・光源氏との関係性から見るのではなく、彼女の置かれた立場そのものから見つめた場合、はたして彼女は本当に悪辣な人物だといえるのでしょうか。

弘徽殿女御は桐壺帝の第一皇子を産み、その皇子は即位して朱雀帝となりました。『源氏物語』が書かれた摂関政治期には、自身の産んだ皇子が天皇となった女性は国母《こくも》と称されました。『源氏物語』のなかには、弘徽殿女御以外にも藤壺宮ほか複数の国母が登場します。近年、平安時代史研究が飛躍的に進展したことにより、摂関政治における国母の政治的役割の大きさが明らかになってきました（古瀬　二〇〇一、服藤　二〇〇五・二〇一七）。そうした歴史学における研究成果を踏まえ、文学研究の領域においても、『源氏物語』で描かれた政治体制や国母の機能について検証が進められています（高橋　二〇一六）。そこで、本稿では、それら近年の研究動向に基づき、藤壺宮と対照させつつ、あらためて弘徽殿女御を「国母」の観点から見直してみたいと思います。

なお、弘徽殿女御は、作中で身位が女御から皇太后に変化しますので、以下の表記では「弘徽殿」に統一します。同様に、藤壺宮も、女御→中宮→女院となりますので、「藤壺宮」で統一します。

2　『源氏物語』のなかの国母

弘徽殿

弘徽殿が国母としてはじめて登場するのは、以下の場面です。

（藤壺宮は）今は、まして隙なう、ただ人のやうにて添ひおはしますを、今后《いまきさき》（弘徽殿）は心やましう思すにや、内裏にのみさぶらひたまへば、立ち並ぶ人なう心やすげなり、（中略）ただ春宮（冷泉）をぞいと恋しう思ひきこえたまふ、御後見《うしろみ》のなきをうしろめたう思ひきこえて、大将の君（光源氏）によろづ聞こえつけたまふも、かたはらいたきものからうれしと思す（「葵」）

ここで弘徽殿は「今后」と呼ばれるようになっています。これより先、「紅葉賀」の巻において、桐壺帝は后を定めるに際して「春宮の御母にて二十余年になりたまへる」実績を有している弘徽殿を差し置いて、藤壺宮を中宮に立てていました。その後、息子の朱雀帝が即位したことにより、弘徽殿は晴れて国母として立后《りつごう》（皇后・中宮、皇太后、太皇太后の位につくこと。今回の場合は皇太后として立后）したことがわかります。

上記の場面で注目されるのは、国母となった弘徽殿の居住空間です。藤壺宮が退位した桐壺院とあたかも並みの夫婦のように院御所で寄り添って暮らしているのに対して、弘徽殿は「内裏にのみさぶらひたまへば」＝内裏で息子の朱雀帝と同居しているのです。藤壺宮も弘徽殿も同様に桐壺院の妻ですが、一方の藤壺宮が桐壺院と夫婦同居しているのに対し、弘徽殿は朱雀帝と母子同居していることがわかります。ここでは、天皇の母である国母が子息の天皇と内裏において同居する姿が描かれていることに注目しておきたいと思います。

図1　『源氏物語』系図

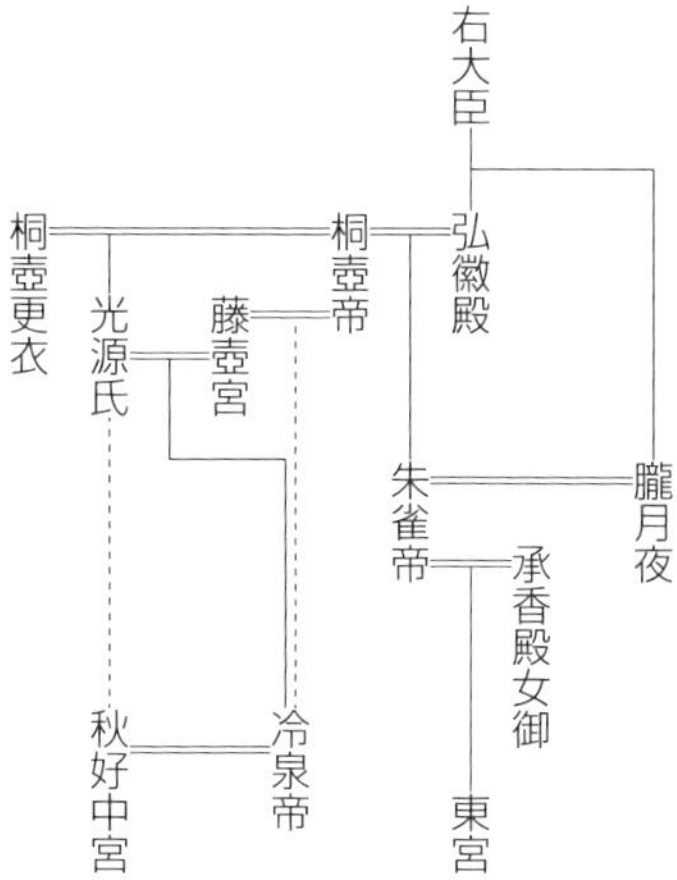

次に注目されるのは、朱雀帝の後宮《こうきゅう》をめぐる弘徽殿の動きです。朱雀帝の最愛のキサキは、右大臣家の娘で弘徽殿の妹にあたる朧月《おぼろづ》夜《きよ》でした。朧月夜は右大臣家が天皇家と外戚関係を構築していくた

めの大切な持ち駒として、早くから朱雀帝に入内することが予定されていました。ところが、源氏と関係を持ち、そのことが源氏失脚の原因となっていくという女性です。入内前、最初に源氏との関係が発覚したとき、朧月夜の父右大臣と姉でありかつ朱雀帝の国母である弘徽殿は対照的な反応を示します。

今后（弘徽殿）は、御匣殿《みくしげどの》（朧月夜）なほこの大将（源氏）にのみ心つけたまへるを、「げに、はた、かくやむごとなかりつる方（葵の上）も亡せたまひぬめるを、さてもあらむになどか口惜しからむ」など大臣（右大臣）のたまふに、いと憎しと思ひきこえたまひて、宮仕《みやづかえ》もをさをさしくだにしなしたまへらば、などかあしからむと、参らせたてまつらむことを思しはげむ（「葵」）

右大臣は、源氏に思いを寄せる朧月夜の意をくんで、正妻葵の上を亡くした源氏と朧月夜の結婚に傾きます。しかし、弘徽殿はそれに反対し、朱雀帝への入内を推進します。そして結果的に、弘徽殿の意向通りに朧月夜の入内が強行されるのです。

その後、弘徽殿は、「大后（弘徽殿）の尚侍《ないしのかみ》（朧月夜）を参らせたてまつりたまひて、かたはらに並ぶ人なくもてなしきこえたまひなどせしほどに」（「若菜」上）とあるように、その他の朱雀キサキが気おされるほど、入内後の朧月夜を強力にバックアップします。ここから、所生天皇の後宮に関して、国母が人選も含めて強力に差配している実態を読みとることができます。

藤壺宮

続けて、『源氏物語』に登場するその他の国母について、弘徽殿と同様に①子息天皇との内裏同居、②天皇の後宮に対する関与、の観点から見ていきましょう。ここで検討したいのは藤壺宮です。さきの「『源氏物語』好きな人物ランキング」ではかなりの上位が見込まれる藤壺宮も、子息である冷泉が即位しましたので国母となっています。

第一に、天皇との内裏同居について。朱雀帝が譲位し、冷泉帝へ治世が交替したあとの宮中は以下のように描かれます。

入道后の宮（藤壺宮）、御位をまた改めたまふべきならねば、太上天皇になずらへて御封《みふ》賜らせたまふ、院司どもなりて、さまことにいつくし、御行ひ功徳のことを、常の御営みにておはします、年ごろ世に憚りて出で入りも難く、見たてまつりたまはぬ嘆きをいぶせく思しけるに、思すさまにて参りまかでたまふもいとめでたければ（「澪標」）

冷泉帝への代替わり以後、出家の身であった藤壺宮は「太上天皇」に准じた地位、すなわち女院になったことが記されます。そして、朱雀帝の治世下においては、東宮として内裏に住まう息子冷泉とは会うこともままならなかったこと、しかし、冷泉が即位した今は思いのままに参入できるようになったことが記されています。藤壺宮は出家していることもあって、冷泉とともに内裏に常住することはありませんでしたが、国母となったことによって、天皇の空間である内裏へ自由に参入することができるようになったことがわかります。

第二に、冷泉帝の後宮に対する藤壺宮の関与について見てみましょう。

大臣（源氏）聞きたまひて、院（朱雀院）より御気色あらむを、ひき違へ横取りたまはむをかたじけなきことと思すに、人の御ありさまのいとらうたげに見放たむはまた口惜しうて、入道の宮（藤壺宮）にぞ、聞こえたまひける、（源氏）「かうかうのことをなむ思うたまへわづらふに、（中略）内裏（冷泉帝）にもさこそおとなびさせたまへど、いときなき御齢におはしますを、すこしものの心知る人はさぶらはれてもよくや、と思ひたまふるを、御定めに」など聞こえたまへば、（藤壺宮）「いとよう思しよりけるを、院（朱雀院）にも思さむことは、げにかたじけなういとほしかるべけれど、かの御遺言をかこちて知らず顔に参らせたてまつりたまへかし、いまはた、さやうの事わざとも思しとどめず、御行ひがちになりたまひて、かう聞こえたまふを、深うしも思し咎めじと思ひたまふる」、(源氏)「さらば、御気色ありて数まへさせたまはば、もよほしばかりの言を添ふるになしはべらむ(後略)」(「澪標」)

亡き六条御息所の遺児である前斎宮《さきのさいぐう》(のちの秋好《あきこのむ》中宮)の身の振り方について悩んだ源氏が相談を持ち掛けたのは、「入道の宮」藤壺宮でした。源氏から打診を受けた藤壺宮は、前斎宮を所望している朱雀院の意向は知らぬふりをして、冷泉帝への入内を進めるよう助言します。藤壺宮が前斎宮の入内を是としたのは、「いとあつしくのみおはしませば、参りなどしたまひても心やすくさぶらひたまふことも難きを、すこしおとなびて添ひさぶらはむ御後見は、かならずあるべきこと」(「澪標」)、すなわち、病気がちなため内裏に常住することが難しい自分に替わって、年若い冷泉帝のそばに常に付き添って「御後見」する人間がいるべきである、と考えたからでした。そして、藤壺宮が表立って前斎宮の入内を進め、源氏はあくまでも裏方の立場に立つという方針が両者の間で決定されています。その後、実際に藤壺宮は「前斎宮の御参りのこと、中宮(藤壺宮)の御心に入れてもよほしきこえたま」(「絵合」)い、入内を積極的に推進していきました。

このあと、入内して梅壺女御と称されるようになった前斎宮と、権中納言(もと頭中将)の娘の(新)弘徽殿女御が立后を競ったときも、源氏は「斎宮の女御をこそは、母宮(藤壺宮)も御後見と譲りきこえたまひしかば」(「少女」)と、国母藤壺宮の意向を前面に押し出して梅壺女御の立后を実現させます。

以上の前斎宮の入内から立后までの経緯をみると、確かに当初は源氏が前斎宮の入内を発意していますが、実際には藤壺宮へ相談し、その内諾を得てはじめて入内が決定しています。そうした様相からは、入内さらには立后の実現には、国母の意向が決定的に重要であることがわかります。

本節では、弘徽殿と藤壺宮という『源氏物語』のなかの国母について検討してきました。そこでは、二人がともに同居を前提に所生の天皇を「後見」し、また、天皇のキサキ決定に大きな発言力を有している姿が描かれていました。弘徽殿と藤壺宮、物語のなかで二人は対極の存在のように見えます。しかし、そのような一般的な印象とはうらはらに、その行動原理は異なりません。実は、二人は国母としては同質であったといえるでしょう。

以上、『源氏物語』というフィクションの世界で描かれた国母の姿をみてきました。次節では、『源氏物語』が書かれた時代の、現実社会における国母の姿を追ってみましょう。

3　摂関期の国母

藤原詮子

紫式部が『源氏物語』を執筆した摂関政治全盛期の国母として、まずは一条天皇の国母藤原詮子（九六二―一〇〇二）について検討します。詮子の父は藤原兼家、母は藤原中正女《むすめ》の時姫、道隆・道兼・道長とは同母兄弟です。天元元年（九七八）に円融《えんゆう》天皇の女御となり、天元三年に一条を産みます。その後、寛和二年（九八六）に一条天皇が践祚《せんそ》するに及んで皇太后となりました。その後、正暦二年（九九一）に初の女院となります（東三条院）。

はじめに、一条が登位した直後の詮子の動きを見てみましょう。寛和二年六月二十三日、一条が践祚します。七月五日には「母儀女御藤原詮子をもって皇太后となす」（『日本紀略』同日条）とあるように、詮子は国母として立后します。四日後の七月九日に、詮子は「右大臣（兼家）東三条第より、内裏に入御」（『日本紀略』同日条）しました。一条の践祚・自身の立后直後から内裏での同居を開始した詮子は、その後も内裏に居住し、さらに、出家したあとも内裏への参入が継続している事実が明らかにされています。

図2　摂関期系図

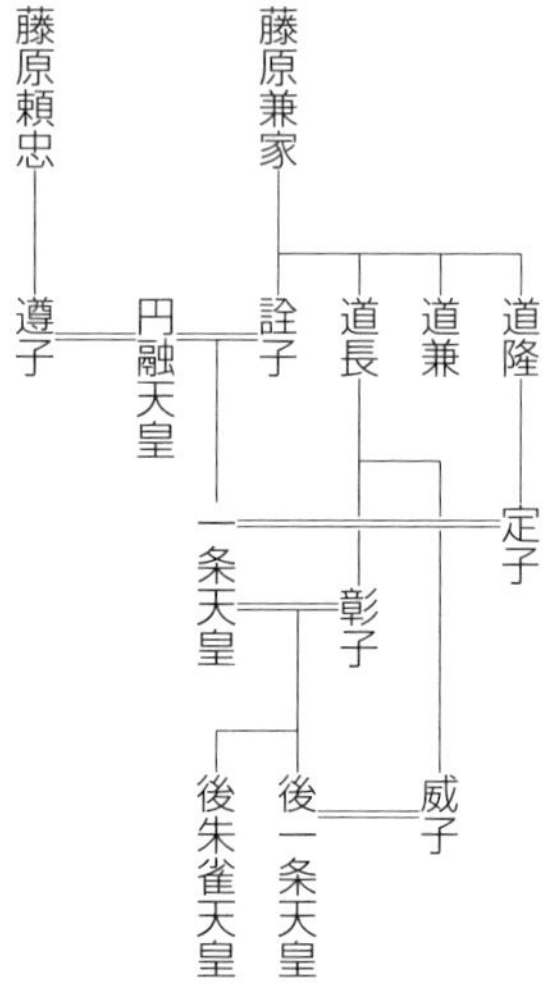

　このように、国母詮子は所生天皇の一条と内裏で同居していたのですが、では、そもそもなぜ国母と天皇は同居する必要があるのでしょうか。一条の践祚から詮子の立后および内裏入御までの日程を改めて確認すると、六月二十三日の践祚→七月五日の立后→七月九日の内裏入御と、かなりの過密スケジュールで事が進められています。実はこのあと、七月二十二日には一条天皇の即位式がありました。即位式は、新天皇が皇位継承したことを公に示す一世一代の大礼です。しかし、一条は当時七歳。天皇として大礼を執り行うには十分な年齢とはいえません。この急速な立后と内裏参入が敢行された背景には、即位式において国母詮子が新帝一条の補佐をする目的があったからであると考えられています（東海林　二〇一八）。国母詮子はこのほかにも、一条が行幸《ぎょうこう》する際にはともに輿《こし》に乗るなどして諸儀式で一条を補佐していることが確認できます。これらが『源氏物語』で「後見」と表現されていた具体的な内容です。国母は息子の天皇と同居することで、日常的・直接的な奉仕を行い、天皇として果たすべきつとめを補佐しました。そして、常に天皇のそばにあることは、天皇の政治意志形成に大きな影響力を与えることにつながったのです（吉川　一九九八）。

　では、次に一条天皇の後宮をめぐる動きを確認します（倉本　二〇〇〇）。一条の最初のキサキは藤原道隆の娘の定子ですが、道隆の死去以降、道隆の一門である中関白家は没落し、権力を掌握した道長の娘彰子が一条に入内します。女御となった彰子の立后を主導したのが、ほかならぬ国母詮子でした。詮子は、彰子立后をうながす「院御書」をしたため、一条に彰子立后の決断を迫ります（『権記』長保元年〈九九九〉十二月七日条）。さらには、内裏に参入し、一条と直接交渉を行って「許すべきの天気あり」と一条の許可を引き出しています（十二月二十七日条）。定子を寵愛していた一条は逡巡しますが、結局は詮子や道長の意向に配慮して、彰子の立后を決定しました。もちろん彰子の父道長も、一条との密接なミウチ関係を構築するために、立后に向けて奔走しています。ですが、実際には、以上の過程でもっとも積極的に行動していたのは国母詮子だったのです。

　詮子が関与したのはキサキ決定のみにとどまりません。関白であった道隆が死去したあとの摂関人事について、詮子は、まず「女院（詮子）の御心掟《こころおきて》も、粟田殿（道兼）知らせたまふべき」（『栄花物語』巻四）とあるように、次兄の道兼を推挙します。道兼が流行り病であっけなく死去すると、次は一条に対して道長を推して「夜の御殿に入らせたまひて、泣く泣く申させたまふ」（『大鏡』道長）い、道長の内覧就任を実現させています。詮子の人事に対する影響力は、ここで挙げた摂関人事を含め、官僚や僧侶の叙任など朝廷人事全般に及んでいました（服藤　二〇一七）。

　詮子が比較的短命だったこと（四十歳）、また一次史料が乏しい時期であったことも相まって、詮子の事績を明らかにできる記録は限られているのですが、それでも彼女が国政運営に深く関与し、政権中枢のかなめであったことを示す事例が散見します。たとえば、美濃国で起きた殺人事件の処理をめぐって職務を停止されていた美濃国司源為憲《みなもとのためのり》の処分について、詮子は「美濃守為憲、釐務《りむ》に従うべきこと」つまり為憲を許し復職させるよう道長に命じます。結局、一条の命により公卿会議が行われ、為憲の宥免が決定されました（『権記』長保二年二月十三日条）。国母詮子が、天皇一条・内覧道長とともに官人の賞罰という国政案件に対応し、自身の意向を提示し、強く誘導していることがわかります（倉本　二〇〇〇、伴瀬　二〇〇五）。

　以上のような詮子のあり方から、摂関期の国母が、子息の天皇や（自身の父や兄弟にあたる）外戚摂関とともに国政に関与していた実態が浮かび上がります。続けて、その様相を後一条・後朱雀天皇の国母となった藤原彰子で確認しましょう。

藤原彰子

近年、藤原彰子（九八八―一〇七四）に関しては、天皇家と摂関家の家長となり、また院政期における院の先例ともなった重要な人物として、数々の評伝が刊行されています（朧谷 二〇一八、服藤 二〇一九）。彰子の父は藤原道長、母は左大臣源雅信の娘源倫子、同母兄弟には頼通・妍子・教通・威子・嬉子がいます。長保元年に一条天皇の女御となり、翌年中宮となります。寛弘五年（一〇〇八）には後一条を、翌六年に後朱雀を産みました。その後、寛弘九年に皇太后、寛仁二年（一〇一八）に太皇太后に転上し、万寿三年（一〇二六）に女院となりました（上東門院）。

彰子に関しても①天皇との同居、②後宮への関与、③政務運営、の点から検討していきます。第一点目の天皇との同居については、たとえば、寛仁二年四月に新造された内裏で彰子は常に弘徽殿を居所としていることが確認でき、息子である後一条と（同じく彰子の息子で皇太弟であった後朱雀とも）内裏で同居していたことが指摘されています（東海林 二〇一八）。

次は、第二点目の子息の後宮に対する関与について。後一条天皇は国母彰子の妹である威子を唯一のキサキとしました。威子が立后した日に、道長が「この世をば……」の歌を詠んだことは有名ですが、この威子の立后を促したのは国母彰子でした（倉本 二〇〇〇）。彰子の御所に参上した道長と頼通に対して、彰子は「尚侍（威子）立后すべきこと、早々たるを吉とすべし」と、威子の早期の立后を両者に指示しています。それに対し道長はすでに自分の娘が二人も立后している現状（彰子＝太皇太后、妍子＝中宮）から、さらなる威子の立后に躊躇していた旨を答えます。しかし、彰子は「さらにしかるべきことにあらず、同じき様あるをもって慶び思ふべきなり」と、威子の立后は慶ぶべきことだから遠慮はいらない、と道長に威子の立后を勧めています（『御堂関白記』寛仁二年七月二十八日条）。やはり、詮子と同様に、国母となった彰子も子息である天皇の後宮に主導権を握っていました。

第三点目の彰子が政務運営に関与した例は枚挙にいとまがありません。まず、摂関人事については、頼通の後継者に関する『古事談《こじだん》』の逸話が知られています。頼通は関白を息子である師実《もろざね》に譲ろうと考え、「上東門院（彰子）にもその由申さしめ給い」ました。ところが、彰子は「この事を聞こしめして、受けざるの気色」を示して、時の天皇である後冷泉に対して、道長の遺命があるので、決して師実への関白譲渡を許してはならないと命じ、結果、関白は頼通弟の教通に譲られることになった、とされています。

さらに、父道長の太政大臣任命が「皇大后宮御消息」で命じられたほか（『御堂関白記』寛仁元年十一月二十七日条）、重職である蔵人頭《くろうどのとう》人事も「女院（彰子）に聞かしめ給ひ、一定《いちじょう》あるべき」と彰子の意向が求められ、その返事によって決定する（『春記』長暦三年〈一〇三九〉十二月十七日条）など、彰子は広く人事権を行使しています。また、官奏《かんそう》（諸国からの上申文書を太政官が天皇に奏上する政務）において一度に奏上する文書数が議論されたとき、「上東門（院）の仰せにより、一度に七通を奏するなり」と、彰子の事例が引かれており（『殿暦』永久二年〈一一一四〉十二月二十七日条）、彰子の国政への関与は人事以外の政務にも及んでいたことがわかります。

以上、摂関期の国母の事例として、藤原詮子と藤原彰子について検討してきました。摂関期の国母は、所生の天皇と同居して天皇を日常的・直接的に後見し、そうした密接な関係を前提に、天皇・外戚摂関とともに国政に深く関与していました。同時代を生きた貴族である藤原実資《さねすけ》は、そのような国母のあり方について「母后また朝事を専らにす」（『小右記』長徳三年七月五日条）との評言を残しています。

本節で検討してきた実在の摂関期国母の姿と、『源氏物語』で描かれた国母の姿は大きく重なります。国母となった弘徽殿の一見悪辣にも見える姿は、子息の天皇を補佐し、国政を領導する者としての強さの表れといえるのではないでしょうか。

4　弘徽殿女御の「モデル」

弘徽殿女御にモデルはいたのか?

これまでの検討で、『源氏物語』で弘徽殿が（藤壺宮も）描かれる際には、摂関期における国母の実態が反映されていることがわかりました。そうなると、さらに具体的に弘徽殿のモデルは誰だったのだろうか、と考えてみたくなります。ですが、この点については、その人生が物語中の弘徽殿とそのままぴったり一致するような人物はおそらくいません。紫式部は、和漢の幅広い学識に基づき、あるいは彼女が宮廷社会で伝え聞き、実際に目の当たりにした多くの「国母たち」の姿を下敷きにして、弘徽殿という人物を構想していったと考えられるからです。ですので、ここでは、唯一のモデル探しをするのではなく、紫式部が弘徽殿に命を吹き込んでいくときに思い浮かべた「国母たち」にはどのような人々がいたのかを考えてみることにしましょう。

藤原穏子

『源氏物語』研究には、『源氏物語』の人物や出来事がどのような史実を基にして描かれたのかを探る准拠論という研究分野があります。そこでは、弘徽殿の准拠となった人物として、これまで『史記』における呂后《りょこう》や朱雀・村上天皇の母である藤原穏子の名前が挙がっていました。摂関期の国母に注目する本稿の関心から、ここでは特に穏子について検討します。

『源氏物語』の注釈書である『河海抄《かかいしょう》』に、「物語の時代は醍醐《だいご》・朱雀・村上三代に準するや、桐壺御門は延喜（醍醐天皇）、朱雀院は天慶（朱雀天皇）、冷泉院は天暦（村上天皇）、光源氏は西宮左大臣（源高明《たかあきら》）、かくのごとく相当する也」とあるように、『源氏物語』の時代設定が、醍醐天皇・村上天皇の時代に重ねられていることはよく知られています（延喜・天暦准拠説）。

穏子は、まさに延喜・天暦の時代を生きた国母でした。弘徽殿と穏子の間には多くの共通点があります。まず一点目として、醍醐の後宮では、藤壺宮と弘徽殿の対立を彷彿とさせる為子内親王と穏子間の対立があったこと、第二に、穏子の立后までの経緯と弘徽殿のそれが類似すること（穏子が女御から中宮となるまでには多年を要した／息子の朱雀が即位した翌年に皇太后となった）、第三に、弘徽殿も穏子も「朱雀」帝の母となっていること、第四に、穏子の主要な居所が弘徽殿であったこと、さらに、穏子が晩年二条院を居所としたのと同様に、弘徽殿の晩年の居所も二条宮であったことなどが挙げられます（増田　一九九三）。歴史学の研究成果では、穏子が国政に関与したことが明らかにされています（藤木　一九九一、服藤　二〇〇五）。弘徽殿が造型される際、穏子が念頭に置かれていたことは間違いないでしょう。

図3　藤原穏子関係系図

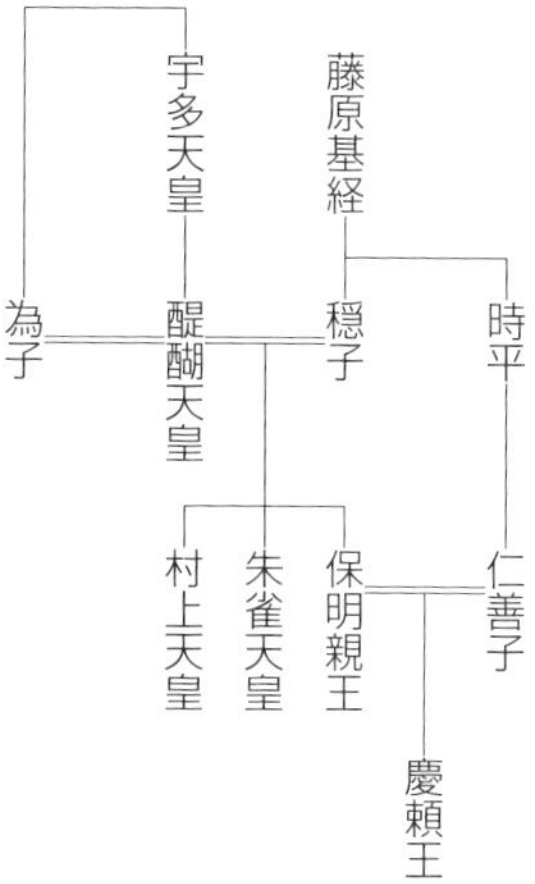

但し、理由の二点目に挙げられている立后に関しては、史実と物語は大きく齟齬します。穏子の入内から立后までは以下のようになります。

延喜元年（九〇一）三月　醍醐天皇女御
延喜三年（九〇三）十一月三十日　保明《やすあきら》（初名は崇象《むねかた》）を出産
延喜四年（九〇四）二月十日　保明立太子

延長元年（九二三）三月二十一日　保明没
　　　　　　　　　四月二十六日　皇后
　　　　　　　　　四月二十九日　慶頼《よしより》王（保明の王子）立太子
　　　　　　　　　七月二十四日　寛明《ゆたあきら》（朱雀天皇）を出産
延長三年（九二五）六月十八日　慶頼王没
　　　　　　　　　十月二十一日　寛明（朱雀天皇）立太子
延長四年（九二六）六月二日　成明《なりあきら》（村上天皇）を出産
延長八年（九三〇）九月二十二日　醍醐天皇譲位、朱雀天皇践祚
承平元年（九三一）十一月二十八日　皇太后

第2節で述べたように、弘徽殿は「春宮の御母にて二十余年」を経ているにもかかわらず、夫桐壺帝の在位中は、藤壺宮との立后争いに敗れ、女御に留め置かれます。そして、息子の朱雀が即位して国母の立場になったことにより、はじめて立后し皇太后の地位につきました。

一方、穏子の場合は、確かに第一子の保明が立太子し、東宮の母であるにもかかわらず長く女御のままであったというところは弘徽殿と同じです。しかし、息子の保明は即位することなく東宮のまま没してしまいました。保明の没後、穏子は「前皇太子の母」（『日本紀略』延長元年四月二十六日条）として立后して皇后となり、その三日後に保明の遺児である慶頼王（穏子にとっては孫）が立太子しました。穏子立后の背景には、保明が死去するという非常事態のなか、他の醍醐皇子たちをおさえて慶頼王を東宮に擁立するという不安定な皇位継承を補強する目的があったといわれています（並木　一九九五）。しかし、その後、慶頼王も早世してしまい、慶頼王のあとに東宮となったのは、立后後に穏子が生んだ寛明（朱雀天皇）でした。寛明の即位後、皇后穏子は皇太后となり

ます。

このように、①所生子である東宮の死去、②「前皇太子の母（皇太子の祖母）」としての立后（皇后）が先行、③所生子即位後に皇太后に転上、という点で、穏子と弘徽殿の間には大きな違いがあります。特に、所生子が即位したことによって、ようやく国母として立后することができた、という弘徽殿の立后に関する最大の特徴は、穏子の史実とは対応していません。

藤原詮子

一方、国母として皇太后立后するという弘徽殿の立后と同様の経緯を有する歴史上の人物こそが、さきに取り上げた一条天皇国母の藤原詮子なのです。改めて詮子の入内から立后までの過程を示すと以下の通りになります。

天元元年（九七八）十一月四日　円融天皇女御
天元三年（九八〇）六月一日　懐仁《やすひと》（一条天皇）を出産
天元五年（九八二）三月十一日　遵子立后
永観二年（九八四）八月二十七日　懐仁（一条天皇）立太子
寛和二年（九八六）六月二十三日　花山天皇譲位、一条天皇践祚
　　　　　　　　　七月五日　皇太后

円融天皇にもっとも早く入内し立后したのは、円融の庇護者であった藤原兼通女の媓子でした。しかし、兼通の死後、まずは兼通から関白を継承した頼忠《よりただ》の娘である遵子が入内し、続いて詮子が入内します。天元三年に詮子は円融の第一皇子（結果的には唯一の皇子）である懐仁を産みます。しかし、天元五年、媓子の死去以降空席となっていた皇后の座についたのは、詮子ではなく遵子でした。この立后は、遵子の父頼忠との協調を意図した

円融によって進められましたが、「一の御子おはする女御（詮子）を措《お》きながら、かく御子もおはせぬ女御（遵子）の后にゐたまひぬること、やすからぬことに世の人なやみ申して、素腹《すばら》の后とぞつけたてまつりたりける」（『栄花物語』巻二）とあるように、第一皇子の母である詮子を差し置いて、遵子を后とすることは道理に合わないと世間の非難を浴びます。円融朝における立后争いの事実、そして、第一皇子の母を差し置いての立后は、まさに桐壺帝治世下における藤壺宮と弘徽殿の競合に符合します（ただし、遵子に子どもがいなかったところは藤壺宮とは相違します）。

円融朝においては女御のまま据え置かれた詮子ですが、寛和二年、一条天皇の登位にともない立后します。その際、詮子は女御から（皇后、あるいは皇太夫人を経ることなく）直接に皇太后となりました。女御から皇太后立后するという点も、詮子と弘徽殿は同様です。このように、物語で描かれる弘徽殿の立后事情にまさに一致するのが国母詮子の立后なのです。以上のことから、弘徽殿の人物造型には、詮子の史実が踏襲されていると考えられます。

5 『源氏物語』と史実

この女御→皇太后立后は、詮子から始まる新例でした（橋本　一九八六）。そして、皇太后となった詮子は、その後、正暦二年（九九一）に院号宣下されて女院となるのですが、女院制も詮子のときに始まります。女院制に関しては、第2節で触れたように「澪標《みおつくし》」巻で藤壺宮が女院となったことが記されています。つまり、詮子は、弘徽殿のみならず藤壺宮のモデルでもあったのであり、紫式部が『源氏物語』で「国母」を描く際の前提となっていたといえます。

皇太后立后や女院制、これらはいずれも十世紀に始まった、それまでの後宮制度を改変する新しい動向でした。紫式部は、『源氏物語』のなかに、まさに同時代に現在進行形で繰り広げられるリアルな政治世界の様相を写しとっていたということになります。「国母」の観点で読み解けば、対抗勢力である源氏に強く臨む弘徽殿と、「権謀家として変貌した」（倉本　二〇〇〇）藤壺宮は、所生の天皇を補佐し、政治力を行使している点では同様であり、ともに現実社会における国母の実態を反映させた姿で描かれていることに気づきます。抜群の好感度を誇る藤壺宮と「悪后」弘徽殿女御に通底する同質性。本稿が弘徽殿女御の「復権」にいくばくか寄与することができれば幸いです。

参考文献

鬼塚隆昭　一九九三「源氏物語における政治世界と右大臣」（森一郎編『源氏物語作中人物論集』、勉誠社）
朧谷　寿　二〇一八『藤原彰子』ミネルヴァ書房
倉本一宏　二〇〇〇『摂関政治と王朝貴族』吉川弘文館
栗山圭子　二〇一二『中世王家の成立と院政』吉川弘文館
東海林亜矢子　二〇一八『平安時代の后と王権』吉川弘文館
高橋麻織　二〇一六『源氏物語の政治学』笠間書院
並木和子　一九九五「平安時代の妻后について」（『史潮』三七）
橋本義彦　一九八六「女院の意義と沿革」（『平安貴族』平凡社、初出は一九七八年）
林田孝和　一九八四「弘徽殿女御私論」（『国語と国文学』六一―一一）
伴瀬明美　二〇〇五「東三条院藤原詮子」（元木泰雄編『王朝の変容と武者』清文堂）
服藤早苗　二〇〇五「王権と国母」（『平安王朝社会のジェンダー』第二部第二章、校倉書房、初出は一九九八年）
服藤早苗　二〇一七「国母の政治文化」（服藤早苗編『平安朝の女性と政治文化』明石書店）

服藤早苗　二〇一九　『藤原彰子』（『人物叢書』）、吉川弘文館
藤木邦彦　一九九一　「藤原穏子とその時代」（『平安王朝の政治と制度』第一部第三章、吉川弘文館、初出は一九六四年）
古瀬奈津子　二〇〇一　「摂関政治成立の歴史的意義」（『日本史研究』四六三号）
増田繁夫　一九九三　「弘徽殿女御」（森一郎編『源氏物語作中人物論集』勉誠社）
吉川真司　一九九八　「摂関政治の転成」（『律令官僚制の研究』第三部第二章、塙書房、初出は一九九五年）

四

頭中将の実像

『源氏物語』に描かれない平安貴族

井上幸治

1　『源氏物語』の頭中将

源氏のライバル

『源氏物語』には、主人公である光源氏の親友で、ライバルともなった人物が描かれています。それが「頭《とう》中将《ちゅうじょう》」です。左大臣の長男で、母は大宮ですから、源氏の妻となった葵の上の実の兄として設定されています。

作中では、多くのシーンで源氏とともにあらわれる重要人物です。たとえば、有名な雨夜の品定めでは、源氏とともに女性論を述べあい、夕顔との別れを告白しています（「帚木《ははきぎ》」の巻）。その後も源氏と、末摘花《すえつむはな》をめぐって競いあったり（「末摘花」の巻）、試楽で源氏と並んで青海波《せいがいは》を舞い、「花のかたはらの深山木なり」とさんざんな評価をされてもいます（「紅葉賀」の巻）。それでも、源氏が須磨へ移りすんだ際には密かにそれを訪問したように（「須磨」の巻）、二人の間には深い絆があったことをうかがわせます。ところが、源氏が朝廟へ復帰するとその政敵として描かれ、絵合《えあわせ》では源氏の前に敗北してしまいます（「絵合」の巻）。

このように、作中の設定からも容易に推測できることですが、主人公光源氏の引き立て役を演じ、または影の

図1　大和和紀『あさきゆめみし』の光源氏（右）と頭中将　(c) 大和和紀／講談社

主人公といった評価もされてきました。作中の男性では、絶対に外せない主力キャストの一人といってよいでしょう。

そのため、映像化された際にはいずれも、主役級の俳優が頭中将を演じています。たとえば平成三・四年（一九九一・九二）に放送されたテレビドラマ「源氏物語 上の巻・下の巻」（TBS系列、橋田寿賀子作）では、光源氏を東山紀之・片岡孝夫（片岡仁左衛門）が演じましたが、頭中将役は橋爪淳と竹脇無我でした。また映画であれば、平成十三年の「千年の恋 ひかる源氏物語」（東映）の場合、光源氏が天海祐希で、頭中将には風間トオルが配され、平成二十三年の映画「源氏物語 千年の謎」（東宝）では、源氏が生田斗真、頭中将が尾上松也でした。加えて、大和和紀の漫画『あさきゆめみし』（講談社）でも、主人公に引けを取らないほどのイケメンとして描かれ、人気を博しました（図1）。こちらでご存じの方も多いのではないでしょうか？

頭中将のイメージ

『源氏物語』に描かれる頭中将については、どのような印象がありますか？　仕事人間でないことは明白ですし、重々しい雰囲気とも違います。名門の御曹司という生まれ育ちの設定や、登場して早々に夕顔との中途半端な別れを告白するなど、育ちのよい遊び人のような感じではないでしょうか。また、政治的にも源氏に敗北してしまいますから、そのような印象が強くなるかもしれません。

実はこのことは、頭中将だけの問題ではなく、『源氏物語』全体の問題でもあるのです。登場する平安貴族たちは、ストーリーの中ではほぼ、実務らしいことをしていません。平安貴族たちの政治とはどのようなものか、その様子は、まったく描かれていないのです。まるで、平安貴族は年がら年中、遊び暮らしていたかのような印象さえ与えかねません。もちろんそのような印象が実態の一部に過ぎないこと、特に政治・行政にかかわることについては意図的に省かれていることは、早くから土田直鎮氏によって指摘されてきました（土田　一九六五）。

では、『源氏物語』における頭中将のイメージも、話の中だけのこと、つまりは紫式部によって意図的につくられたものなのでしょうか？　それとも、頭中将というポストに就いた人びとは、実際にそのような傾向が強かったのでしょうか？　そこで本章では、いちど『源氏物語』から離れ、実在した頭中将の働きぶりを確かめていくことにします。

貴族の呼び名

ところで、この「頭中将」という呼び名ですが、これは後でもくわしく触れますように、蔵人頭《くろうどのとう》と近衛《このえ》中将という二つの役職を兼ねていたことを示しています。もちろん実名（諱《いみな》）は別にありますから、通称です。貴族社会では、身分の高い人物の実名を呼ぶことはあまりありません。代わりに、官職や邸宅などを呼び名に用いることが多いのです。

そのため、私たちが「頭中将」と呼んでいる人物も、実際に作中で頭中将としてあらわれるのは「帚木」の巻から「花宴」の巻まででしかありません。その後の呼び名は、昇進するにしたがって変わっていき、おおよそ三位中将（「葵」の巻～「須磨」の巻）→宰相中将（「須磨」の巻～「澪標《みおつくし》」の巻）→権中納言（「澪標」の巻～「薄雲」

の巻）→中納言（「絵合」の巻）→内大臣（「少女」の巻〜「藤裏葉《ふじのうらば》」の巻）→太政大臣（「藤裏葉」の巻〜「若菜下」の巻）と移りかわり、最後は致仕《ちし》大臣と呼ばれています。この「致仕」というのは、引退したことを意味します。

このような方法を用いていると、ある問題が生じます。実は、権大納言や権中納言、参議などといった官職は、同じ地位の人物がたくさんいるのです。「権中納言さま」とか「参議さま」などであれば、該当する人が十人近くいてもおかしくありません。しかし、これでは個人を特定できず、誰をさしているのかがあいまいで、呼び名として機能しません。そこでそのような場合には、兼任している官職や位階、本姓、邸宅地なども並べることによって、個人を特定できるように工夫します。たとえば「宰相中将《さいしょう》」という場合、参議（宰相）と近衛中将を兼任しているのですが、そのような人物が一人だけしかいなければ、「宰相中将」で特定できます。もし、それでも該当者が複数いたら、「六角宰相中将」というように邸宅地のある地名を冠してみたり、「藤宰相中将」というように藤原氏であることを明示するなどして、個人を特定できる呼び名を考えだすのです。

このように、貴族（特に公卿《くぎょう》）の通称は、昇進などによって変化するものでした。

2　頭中将はエリート貴族

原則一人

頭中将は、貴族社会ではどのような位置づけになるのでしょうか。

男性の貴族社会には、大きく分けると三つの身分がありました。もっとも身分が高い人びとは、「公卿」といいます。一位〜三位の位階を与えられ、大臣・大納言・中納言・参議といった官職につくほか、近衛大将・中将を兼任することもよくあります。二番めの身分が「諸大夫」で、位階は四位・五位です。官職は多種多様ですが、中将・少将のほか、受領（諸国の守《かみ》・介《すけ》）、諸省の輔《すけ》、諸寮の頭《とう》などが代表的です。貴族といわれるのはここまで、六位以下の位階をもつ人々は「侍」と呼ばれます。頭中将の位階は四位でしたから、このうちの諸大夫に含まれます。

頭中将は蔵人頭と近衛中将であることを意味しています。そしてこの二つの地位は、ともに四位の貴族が補任されたものでした。

このうち近衛中将は、近衛府のナンバー2で、左近中将・右近中将のポストがありますが、それぞれ定員二名です。そのため、正員だけだと四名いたことになりますが、権官（権中将）も補されていましたので、実際には中将と呼ばれる貴族は六名ほどいたはずです。

一方の蔵人頭は、蔵人所の別当に次ぐナンバー2で、定員は二名でした。そしてこの二名は、多くの場合、一人が弁官を兼ねて「頭弁《とうのべん》」と呼ばれ、もう一人が近衛中将を兼ねて「頭中将」と呼ばれていました。ですから、必ずというわけではありませんが、原則として、頭中将といえば一人に特定されてしまうことが多かったのです。そのため「頭中将」は、呼び名としてもよく用いられました。平安時代から江戸時代まで、「頭中将」と呼ばれたことのある貴族は、数百人はいたはずです。

どんな人がいたのか？

頭中将には、どのような人たちが選ばれたのでしょうか。

蔵人頭や近衛中将が、どのような人材から選ばれたかは、「官職秘抄《ひしょう》」や「職原抄《しょくげんしょう》」（ともに『群書類従』第五輯・官職部所収）といった史料に記されています。前者は平安時代末期、後者は南北朝時代に編纂されたものですが、古くからの故実も受けついで書かれており、平安時代中期の様子もうかがうことが可能です。

それらによると、蔵人頭は、①近衛・弁官から厳選する、②弁官で、四位の者を選ぶ、③乳父・乳母子や、東宮坊の旧職員から選ぶと記されていますが、頭中将にかかわるのは、このうち①と③です。特に③のように旧知の間柄であることは、蔵人頭が天皇の身近なところで仕えることを考慮すると（後述）、非常に重要な要素でした。そしてもう一方の近衛中将については、④近衛少将で四位の者が昇進する、⑤摂政・関白の子供という二点があげられています。

①・③〜⑤を総合すると、典型的な候補者は、摂関の子弟として生まれ、若いころから天皇・皇太子に奉仕していただけでなく、四位・五位の中将・少将として経験を積み、周囲の評価が高い人物ということになるでしょう。これは、誰がどう見てもエリート貴族です。

一条天皇の頭中将たち

では実際はどうだったのでしょうか。試しに、一条天皇の時代の頭中将を一覧表にしてみました（表1）。紫式部の女御彰子への宮仕えは、寛弘元年〜三年（一〇〇四〜〇六）ごろに始まっていたと考えられています。また『源氏物語』執筆は、寛弘七年までに始まっていますから、この一覧表（特に後半）は言うなれば、『源氏物語』を書きはじめた紫式部が出逢ったであろう頭中将の一覧です。式部は、表にあがった人々の働きぶりを見ながら、頭中将の人物像を形づくっていったのかもしれません。

では、彼らがどのような人物か、見ていきましょう（図2）。

まず1藤原道兼は、一条天皇の乳母であった繁子の夫です。乳母・乳父ですから当たりまえのことといえばそれまでですが、一条天皇とは深い絆で結ばれていました。加えて、長徳四年（九九八）二月には、娘の尊子を入内《じゅだい》させています。践祚《せんそ》直後の蔵人頭に選ばれたのも、うなずけます。践祚前からの太い人脈という点は、2藤原

表１　一条天皇の頭中将

名　　前	着　　任	年齢	離　　任	離任後
1 藤原道兼	寛和 2(986) 7月16日	26	寛和 2(986) 7月20日	参議となる
2 藤原誠信	2(986) 7月20日	23	永延 2(988) 2月27日	同上
3 藤原実資	永延 1(987) 11月11日	31	永祚 1(989) 2月23日	同上
4 藤原公任	永祚 1(989) 2月23日	24	正暦 3(992) 8月28日	同上
5 藤原道頼	1(989) 10月 8日	19	1(990) 5月13日	同上
6 藤原伊周	正暦 1(990) 9月 1日	17	2(991) 1月26日	同上
7 藤原斉信	5(994) 8月28日	28	長徳 2(996) 4月24日	同上
8 藤原正光	長徳 2(996) 4月24日	40	4(998) 10月23日	大蔵卿・蔵人頭
9 源　経房	長保 3(1001) 8月25日	33	寛弘 2(1005) 6月19日	参議となる
10 藤原実成	寛弘 1(1004) 2月26日	30	5(1008) 1月28日	同上
11 源　頼定	2(1005) 6月19日	29	6(1009) 3月20日	同上
12 藤原公信	6(1009) 3月20日	33	譲位	同上

注)『公卿補任』および市川久編『蔵人補任』による.

図２　一条天皇とその頭中将（藤原氏）

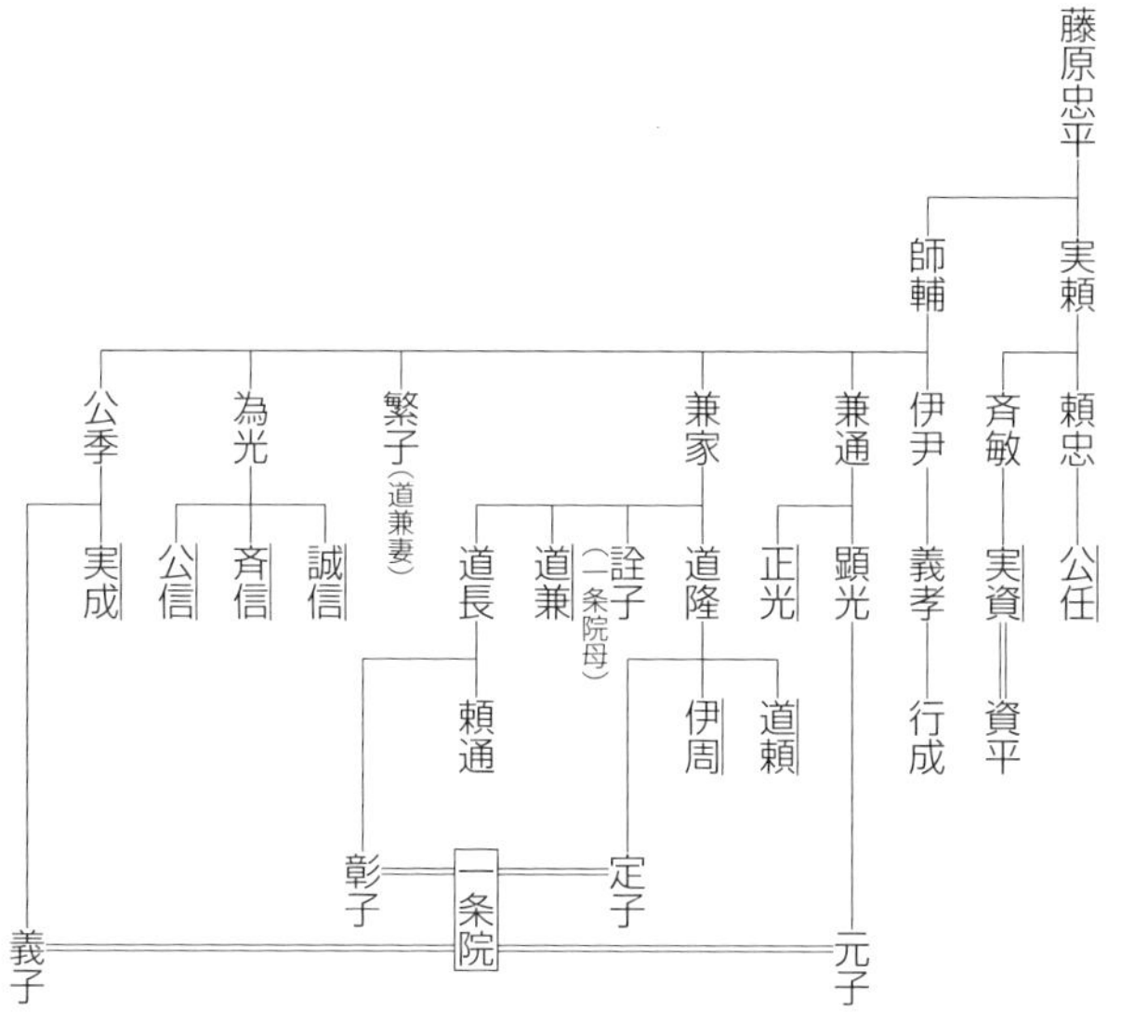

誠信《さねのぶ》もあてはまります。誠信の父為光は、東宮大夫《とうぐうだいぶ》として皇太子時代の一条を支えていた側近なのです。そのため為光の子息からは、誠信の弟である7斉信・12公信も頭中将に就いています。そして側近はもう一人いました。1道兼の兄で、東宮権大夫であった藤原道隆です。道隆の妻である高階貴子も、一条天皇を典侍《てんじ》として支えていましたが、道隆は正暦元年（九九〇）正月に長女定子を入内させ、五月からは摂関としても一条天皇を支えます。すると、それと前後して、道隆の子どもである5道頼・6伊周《これちか》が頭中将とされたのです。

　このように、十二人中六人が、乳母・東宮職の関係者でした。践祚以前から一条天皇が見知っていた人物やその関係者で半分を占めており、しかも前半により多く登用されているのです。

　では、3実資《さねすけ》・4公任《きんとう》はどうでしょうか。この二人はともに小野宮《おののみや》流の人物ですが、3実資は一条の父円融《えんゆう》天皇から厚い信頼を寄せられていましたし、一方の4公任は『北山抄《ほくざんしょう》』の作者としても知られるような学識だけでなく、歌人としても一流であった人物で、また道長の政治に協力的であったことで知られています。

　8正光は兼通、10実成《さねなり》は公季《きんすえ》の子どもです。恐らく8正光は、長徳二年十一月の元子（正光姪）入内と関係があるように思えます。一方、10実成については、長徳二年七月に義子（実成姉妹）が入内していますが、少し年代が離れていますので、関係はよくわかりません。とはいえ、頭中将には有力者が等しく顔を並べている様子がわかります。

　残るのは源氏の二人（9経房《つねふさ》・11頼定《よりさだ》）ですが、二人とも二世源氏であるという出身や、藤原氏、特に長徳元年の道兼死去以後の有力者である道長や実資と関係が近いことなどがかかわっているのでしょう。9経房は源高《たか》明《あきら》の子どもですが、11頼定は高明の外孫で、為平《ためひら》親王の子どもです。道長は高明の娘を妾に迎えていますし、実資の正室は為平親王王女でした。なお王家との血縁という点では、4公任や公季・為光の母が内親王であることは、注意しておく必要があるでしょう。4公任は天皇の外孫、2誠信兄弟と10実成は天皇の曽孫にあたるのです。

公卿の登竜門

このように一条天皇の頭中将は、天皇のミウチや、親しかったと推測しえる人物で多くを占めていました。彼らは、東宮時代の関係者（1・2・5〜7・12）、摂関子弟（1・3〜6・8）、后妃近親（5・6・8・10）、天皇の孫・曽孫（2・4・7・9〜12）であり、さらには道長政権の協力者でもあったのです。そしてこのような傾向は、蔵人所全体にも及んでいたことが指摘されています。玉井力氏の分析によると、道長政権期には、五位・六位蔵人の多くが摂関家と何らかの関係をもっていました（玉井　二〇〇〇）。

紫式部と同時代、頭中将といえばこのような人たちが想定されたのです。

そしてもう一つ注目すべき点があります。それは、任期後の昇進です。表1を見てもわかるとおり、頭中将が長期にわたって在職することはありません。長くても数年で交代するのです。そしてほとんどの場合、参議などへ任じられ、すぐに従三位の位階も与えられます。つまり、諸大夫から公卿へ身分をランクアップさせるのです。実は、このような昇進は、頭中将というよりは蔵人頭に言えることです。このころ蔵人頭になれば、補任から数年後には、公卿への昇進がほぼ約束されていたのです。そのため蔵人頭は、総じて公卿への登竜門のように位置づけられ、出世ポストの代表格といえるでしょう。

このように蔵人頭は、これから公卿になろうとする、将来を嘱望された人材が多く登用されるポストでした。実際、年齢も、若い伊周・道頼とやや年長の正光を除けば二三〜三三歳という年齢幅に収まることが表1からもうかがえます。3実資や1道兼・6伊周のように、後に大臣にまで進む人物が居並ぶのも、当然のことといえるでしょう。

そのため物語と同様、左大臣の長男で頭中将となった人物も、史上に多く見いだせます。表1の中では、4公任がそうでした。公任が『源氏物語』を読んでいたら、どう感じたでしょうか？

3　蔵人として

頭弁と頭中将

頭中将はどのような役割をになっていたのでしょうか。一般に、蔵人所は天皇の家政機関であるという説明がなされますが、まずは蔵人所の構成を確認しておきましょう。

蔵人所のトップは別当です。別当には摂政・関白・大臣クラスの公卿が就きました。紫式部の時代であれば、藤原道長が長徳元年（九九五）七月から長和五年（一〇一六）正月に三条天皇が譲位するまで、長い間、その地位を占めていたと考えられています（市川　一九八九）。もちろん別当は、日常的な業務にはほとんどかかわりません。

実質的には、二人の蔵人頭が、組織のリーダーとして他の官人たちを指揮していました。その二人こそ、弁官を兼務する「頭弁」と、近衛中将を兼務する「頭中将」でした。この二人の仕事には、明らかな傾向がありました。いわば、役割分担があったのです。

「貫首秘抄《かんじゅひしょう》」に「天下の巨細は弁官頭の執奏するところなり、禁中の万事は次将頭の申し行うところなり」と記されるように、頭弁は、主に文書事務や経費・資材調達などの事務処理をつとめました。一方の頭中将は、主に随従の補佐をします。常に天皇のそば近くにいて、ボディーガードの長であるとともに、秘書官長でもあるといった役割です。この随従という側面が、近衛中将の役割でした。

また「貫首秘抄」には、「瀧口・所衆の沙汰の事」は、おおよそ頭中将が沙汰をすると記されています。瀧口は、清涼殿東庭の瀧口に候じ、警衛にあたっていた官人で、もちろん弓箭《きゅうせん》を帯びて武装しています。そのため、近衛中将という武官を帯びている頭中将の差配にしたがうようにされたのでしょう。

蔵人になるということ

このように頭中将は、蔵人頭としては蔵人所という組織の事実上のリーダーであり、近衛中将としては天皇に随従して補佐をするという二つの役割をつとめていたのですが、実際にはこの二つは混在しています。だからこそ、兼務する必要があるのです。

中将としての仕事は、随従に代表されますが、蔵人頭としては、どのような仕事をしていたのでしょうか。蔵人は、蔵人頭二人の他に五位蔵人（三人以下）と六位蔵人（五〜七人）がいました。頭を合わせて十名以内にすることが通例です。しかし蔵人所の職員となると、このほかにも雑色（八人）、所衆（二十人）、出納（三人）、小舎人（六〜十三人）、滝口（十〜三十人）といった人たちも加わります。蔵人頭は、これらの人々をまとめ、指揮・管理することが求められました。

蔵人所は、これらの人々によって、衣食住を含むほとんどの場面で天皇をサポートすることが求められました。なかでも十人の蔵人は、内裏清涼殿で天皇の近くに奉仕する必要が生まれます。そのため、蔵人になると清涼殿への出入りが許されます。清涼殿は天皇が日常生活を送っていた建物ですが、原則として三位以上の位階を与えられないと、建物に入ることすらできません。部屋の中はもちろんのこと、床へ昇ることも許されないのです。そのため、清涼殿への立ち入り許可は「昇殿」と呼ばれ、特別に四位以下でこれを許された人々のことを、「殿上人《てんじょうびと》」と呼んでいます。しかし蔵人になれば、清涼殿に入らないと仕事になりません。蔵人となった頭以下の十名は、補任と同時に昇殿も許されるのです。

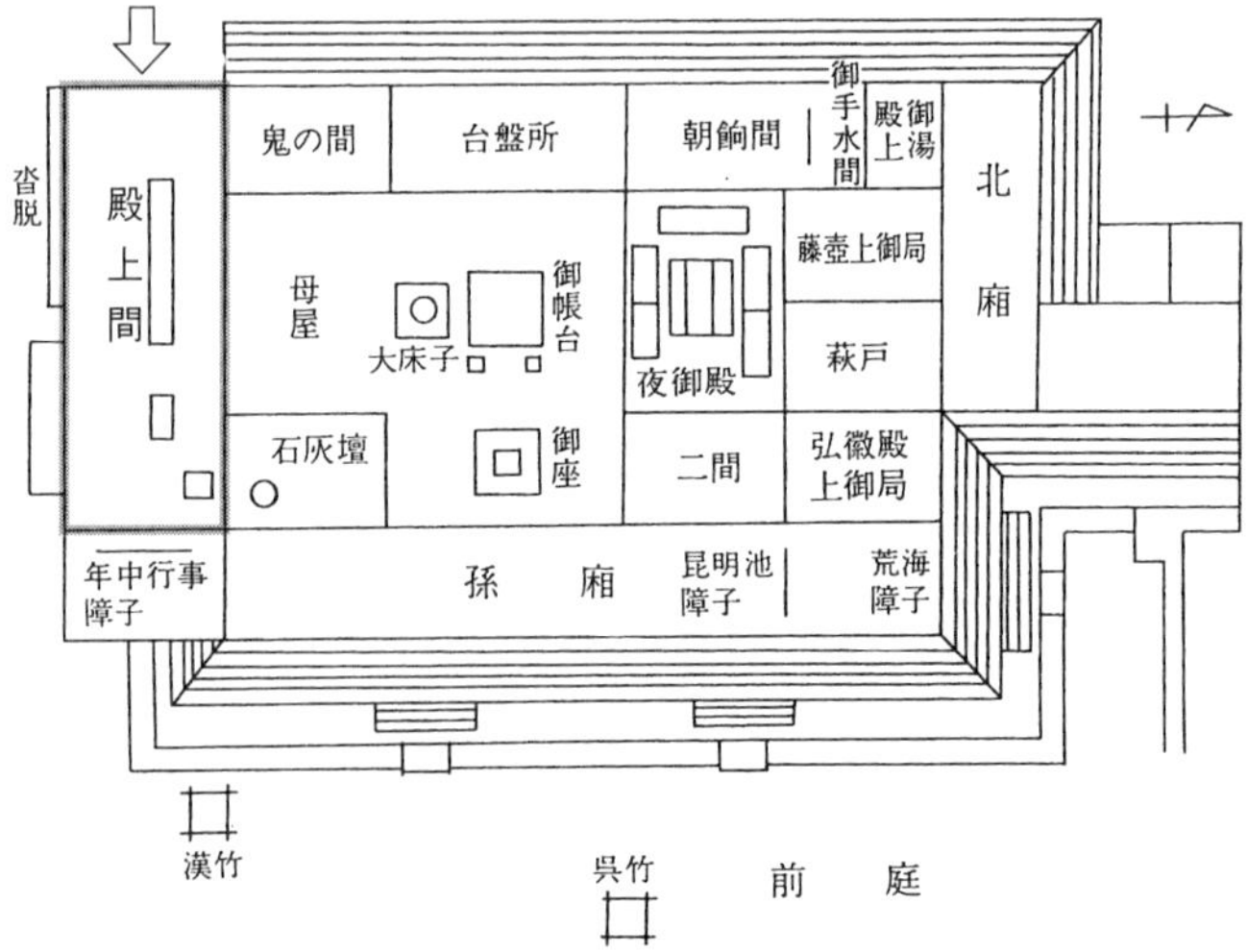

図３　清涼殿平面図（吉川真司編『平安京』（『日本の時代史』5，吉川弘文館，2002年より）

蔵人など昇殿を許された人々は、普段は、清涼殿の南端にある殿上間に出勤しています。そこには出勤簿にあたる日給簡が置かれており、その管理も蔵人の仕事でした（図3）。

蔵人の服装

内裏の中では、服装にも多くの制限がありました。

内裏での正装は束帯ですが、その上半身に着ける袍《ほう》の色には厳格な決まりがありました。当時であれば、四位以上は「黒」ですが、五位は「深緋《ふかひ》」（一部は「浅緋《あさひ》」）、六位以下は「縹《はなだ》」が位色となっていました。袍の色は、遠目で見てもわかりやすいので、三色の区別さえつけられれば、離れていてもおおよその身分はすぐにわかります。

しかし、常に正装というわけではありません。略装の束《そく》帯《たい》（宿衣《しゅくえ》）や直衣《のうし》のこともありました。しかも、清涼殿で働く蔵人ら、とくに蔵人頭は、禁色が許されていました。最古参の六位蔵人は青色袍《あおいろのほう》（麹塵袍《きくじんのほう》）を許されていましたが、一般に禁色は下着に用いられました（近藤 二〇一九）。上着からはみだした部分などに禁色が見えることで、それだとわかるのです。当時の青は、青糸・黄糸で織られた黄緑っぽい色の総称で、山鳩色などとも呼ばれます。ですから、仮に黒の袍をまとって、下襲などに禁色である青や赤を着し、裾からそれが見えるというような格好なら、四位の蔵人頭と推測できますし、また仮に、袍が縹で裾から青がのぞいていれば、六位蔵人ではないかと見なせたのです。清少納言も「蔵人の、あをいろなどの、いとひややかにぬれたらんは、いみじうおかしかるべし」（『枕草子』十二）と言っています。

正装でなければ、直衣で参内することも許されていました。直衣であれば、色の制限が緩くなりますし、束帯と比べると、下半身の着衣が表袴から指貫《さしぬき》へ変わり裾もなくなりますので、動きやすくなります。とはいえ、常に束帯は準備していたようです。というのも、仕事内容によっては陪膳《ばいぜん》のように束帯でないといけないこともありました。また、五位蔵人が直衣を着て出仕していたところに、束帯を着用した蔵人頭がやってきたとすると、五位蔵人は急いで束帯に着替えないといけません。リーダーが正装しているのに、部下が略装というわけにはいかないのです。

とはいえ蔵人頭は、あまり華美な服装は避けていました。というのも、天皇からこっそりと呼び出された時など、目立たないよう、また静かにそぉ〜っと移動できるようにするためです。たとえば除目《じもく》の際、御簾《みす》の内側へこっそり来るよう求められ、御簾の向こう側に控えている関白らに気づかれないよう気をつけながら、天皇と相談するようなこともあったようです（「貫首秘抄」）。

日常生活を支える

蔵人としての役割には、さまざまなものがあります。

蔵人のつとめについて記した史料の一つに、『侍中群要《じちゅうぐんよう》』というものがあります。「侍中」というのは蔵人の異名です。蔵人の仕事についてまとめたマニュアルのような史料で、成立時期は平安時代中期にまでさかのぼります。蔵人の仕事ぶりについて記す史料は、他にも「貫首秘抄」のように蔵人頭のことだけを記した史料もありま

図4　蔀戸（京都御所小御所）

すが、いずれも平安時代後期のものです。『侍中群要』からは、十世紀末から十一世紀初頭のころの蔵人頭たちが、どのような仕事をしていたかがよくわかります。

　蔵人が記す日記によると、その一日は次のようなものでした。

> 日記の體　日下《にっか》に支干を書く。次に注《しる》すは、天晴陰、辰一刻に格子を上げ、同四刻に主水司、御手水・御粥を供《そな》へ、巳一刻に日次御贄《みにえ》、午一刻に朝膳を供へ、酉一刻に夕膳を供へ、戌一刻に格子を下ぐ。次いで宿侍《しゅくじ》。（『侍中群要』巻第四　日記）

　蔵人の仕事として第一にあげられるのは、清涼殿の管理です。清涼殿の東西面は、蔀戸《しとみど》という上下に分かれた扉が連なっていました。蔀戸は、上半分の格子は、上へ押し上げて吊せば天井のようになり、下半分は取り外しができるパーティションになっています（図4）。格子を上げるだけなら窓、下半分も取り外せば出入り口（掃き出し窓）になりました。そこで、辰刻になれば蔵人が格子を上げ、太陽の明かりを入れます。この作業は、二人一組で行ったようです。一人が内側から「さし木」（カギ）を外し、外側にいる者が持ちあげていくのです。またその時に、夜間の灯りとして吊してあった灯籠も外します。反対に、就寝前には格子を下ろして内側から鍵をかけ、不審者が入れないようにしました。

　ところで、清涼殿内で行わねばならない多種多様なつとめを毎日すべて、女房や十人の蔵人だけでこなすのはたいへんです。そのため、公卿・蔵人以外にも昇殿を許された人々がいました。殿上人です。日々のつとめの中には、彼らが中心となっていたこともあり、その一つが陪膳・役送《やくそう》です。食膳を運ぶことを役送といい、運ばれた食膳を天皇に供するのが陪膳です。陪膳は、蔵人・殿上人が五～六人で一チームをつくり、四チームほどが順番に交替しながらつとめています。天皇は彼らに囲まれた中で食事をしていたのです。ちなみに十世紀末ごろの天皇の食事は、巳刻・申刻に朝餉《あさげ》御膳がだされ、午刻・酉刻には朝夕御膳が出されていたようですが、後者は形式的なものだったようです。

天皇が御装束を整える際に、蔵人が手伝うこともありました。そのような時の話として、『古事談』一には次のような話が伝わっています。源隆国は、長元二～七年（一〇二九～三四）に後一条天皇の頭中将をつとめた人物です。

隆国卿、頭として御装束を奉仕す。まず主上の御玉茎を探りたてまつる。主上、隆国の冠を打ち落とせしめ給ひ、あへて事となさず、本取を放ち候。これ毎度のことなり。

隆国は、藤原頼通の側近の一人ですが、東宮御給をえて叙爵しています。この東宮は後の後一条天皇です。『古事談』の説話は、後一条天皇が二十代前半、隆国が三十歳ほどのことでしょうか。男色を示唆するともいわれますが、恐らく旧知の間柄であった二人が、お互いにふざけながら装束を整えている日常がうかがえます。

このように蔵人頭は、天皇のいちばん近くで、その日常生活を支えていたのです。

近侍したがゆえに

蔵人は、政務においても重要な働きをしていました。

天皇は、日々奏聞をうけ、決裁を下すなどさまざまな政務にもかかわっています。それらの決裁の多くは口頭でなされ、しかも奏聞する者との間に蔵人が取り次ぎとして介在しました。多くの場合、天皇の意向は蔵人らによって伝達されたのです。そのため蔵人は、伝達内容を間違えないようメモ書きしたりするのですが、それに由来する文書が多く存在します。たとえば口宣案《くぜん》は、下級官人へ与えられる辞令書として広く使われ、広がっていきました。

平安期にも、さまざまな宣旨を蔵人が奉じ、伝令につとめた様子が、『西宮記《さいきゆうき》』（諸宣旨）や「伝宣抄」などからうかがえます。時には、使者として寺社などへ派遣されることもありました。たとえば長徳三年（九九七）六月五日に、一条天皇は頭中将正光を、体調がすぐれない東三条院（母）のもとへ、勅使として派遣しています。蔵人は、内裏から離れることがむずかしい天皇の代わりとなり、メッセンジャーの役割を果たしたのです。側近として近侍していたがゆえの役割といえるでしょう。

蔵人は、時には娯楽の相手でもありました。そのため、蔵人となるには文化的素養も求められたのです。特に歌舞音曲の才は、必要不可欠だったでしょう。実際、表1にあらわれる頭中将の中でも、経房は笙《しょう》・笛を得意としていましたし、公任・斉信は時代を代表する歌人として知られました。なかでも公任は「才人」（『尊卑分脈』第二篇）で、漢詩集『和漢朗詠集《わかんろうえいしゅう》』や故実書『北山抄』を著しています。

このように蔵人は、日常生活・政務・娯楽と、あらゆる面で天皇を支え、衣食住をはじめとするその行動のすべてを補助していたのです。

外出にもしたがう

頭中将は、清涼殿の外でも天皇の近くにしたがいました。行幸の時などは、近衛中将が天皇の移動をサポートしますが、それと同様のつとめを果たすのです。

天皇が、束帯を着して歩かなければいけない時があります。下襲の裾を下ろして引きずっていると、コーナーで引っかかったり、そうでなくても装束を傷めることになります。そのため、裾が引っかからないよう持ちあげたり、両手で持ちながら後ろにしたがうこともあり、これらを「御後に候ず」とか「御裾を奉仕す」などといいます（図５）。

清涼殿では、関白が近侍していることが多いので、御裾には関白が候じていることが多いのですが、実は、関白の装束にも裾はあります。天皇の裾を直している関白の裾は、誰が面倒を見るのでしょうか？　ここに蔵人頭が奉仕していることがよく見られます。天皇には、天皇の裾をもつ関白がしたがい、さらにその後ろに関白の裾をもつ蔵人頭がしたがうという三人の連動は、間々見られた光景だったようです。想像してみると、少し面白いですね。

図５　裾を持つ（「春日権現験記絵」より，宮内庁三の丸尚蔵館蔵）

行幸の際、天皇は御剣・御璽《ぎょじ》をともなって移動します。頭中将は、近衛中将という武官を帯びていることもあり、御剣を持つこともありますが、近侍していることから、御笏を献じる役をつとめることも多くあります。たとえば『李部王記《りほうおうき》』延長八年（九三〇）九月二十六日条によると、藤原師輔《もろすけ》が天皇を抱きかかえて麗景殿《れいけいでん》へ渡御《とぎょ》する際、内侍が璽を持って先行するのに続いて、頭中将藤原実頼も笏をもってしたがっていました。

このような天皇への随従こそ、頭中将の近衛中将としての側面を反映したものといえるでしょう。

4　頭中将は忙しい

夜勤

夜の清涼殿でも、蔵人の勤務は続いています。宿直もあったのです。戌一刻に格子を下ろすなどの作業を終えると、名対面と呼ばれるイベントがありました。『枕草子』にも、「殿上のなだいめんこそ猶おかしけれ」と記されるものですが、平たく言えば、蔵人頭が夜勤のメンバーを確認する作業です。

宿侍の人々が清涼殿の南東に集まります。そこで名対面が始まるのです。

下格子の後、殿上なだいめん《名対面》の事あり。蔵人頭まごびさし《孫庇》の南のはしにしり《尻》をかく。殿上人は上の戸の口、六位はかべ《壁》のもとに候ず。滝口北の戸より入て前庭にたつ。六位の蔵人上首のまへ《前》にす、みてたそ《誰ぞ》といふ。をの〻〻なのり、六位は姓をくは《加》ふ。（「日中行事」）

蔵人頭が孫庇の南端（図3参照）に腰かけ、南向きに座るとチェックの開始です。頭の目の前には蔵人・殿上人が並びますが、瀧口は六位なので建物に上がれませんから、東側の庭上に並びます。そして各自が蔵人頭に向かって名乗っていくのですが、五位以上の者は、実名（諱）だけを称し、六位の者は姓名を告げます。こうすることで、誰が宿直にいるのかを確かめているのですが、「なのりよしあしき、にく、さだむるもおかし」と『枕草子』にも記されるように、名乗り方や発声などに個性があったようです。

名対面は、蔵人頭の管理職としての一面がよくあらわれている儀式です。

ハードな勤務

このように頭中将は、蔵人頭・近衛中将として天皇の日常生活を支えてましたから、なかなか休むことができません。特に、長期の休暇などは、在任中はまったく望めなかったでしょう。

実際、頭中将はいかほどの勤務をしていたのでしょうか？　藤原実資《さねすけ》の『小右記《しょうゆうき》』を見てみましょう。実資は、天元四年（九八一）二月に円融天皇の蔵人頭に補されましたが、当時は右近少将でした。永観元年（九八三）十二月に左近中将に進んで頭中将になります。花山天皇へ譲位されてからも引き続き頭中将とされましたが、寛和二年（九八六）六月に天皇が突然に退位・出家したため、実資も頭の任を解かれました。その後、永延元年（九八七）十一月に一条天皇の頭中将とされ、永延三年二月に職を去って参議へ進みました。

この間の『小右記』を見ると、永観二年十月から寛和元年六月まで、花山天皇の頭中将だった際の記録が、まとまって残っています。表2には、十～十二月の出仕状況をあらわしてみました。これによると、参内は月に十八～二十日ほどあり、そのうち八～十一日は宿侍しています。内裏だけを対象にすると、月に十日以上も休みがあるように見えますが、実資は円融院の許へも出仕していて、その院参の日も出勤に加えると、休みは月に五～七日だけになります。三ヵ月の間に、連休はたったの四回だけです。このほかにも、関白頼忠のもとへ出仕していることも多く、完全オフの日は数えるほどしかありません。しかも、十月二十六日～十一月六日までの十一連勤や、十二月十九日～二十三日までの五連宿といったきびしそうな日程もあります。

もちろん、現在のように勤務時間が定まっていてきっちり八時間拘束されるというわけではありませんが、毎日のように内裏・院・関白のいずれかに顔を出さねばならないような、ハードワークだったことは間違いないでしょう。

一方、頭弁だった人物はどうでしょうか。藤原行成《ゆきなり》（頭弁）が記した『権記《ごんき》』を見てみると、こちらも頭中将と同様、オフの日はきわめて少ないことがわかります。現在とは勤務の実態も異なるので単純な比較はできませんが、蔵人頭となった人物は、ほとんど毎日のように内裏へ出仕していたのです。

表2　頭中将藤原実資の出仕状況
（永観２年10～12月）

	10月	11月	12月
1日	◎	○	◎院
2日	院	院	院
3日	○院	◎	◎
4日	院	○	○
5日	院	○	◎
6日	◎	◎院	－
7日	◎院	－	○院
8日	○	○	○
9日	◎院	◎	－
10日	○	院	◎
11日	－	○院	院
12日	○院	－	院
13日	－	－	－
14日	○	◎	－
15日	◎	－	◎
16日	院	－	○院
17日	○院	○	◎
18日	－	◎	－
19日	◎院	◎	◎
20日	－	◎	◎
21日	◎	◎	◎
22日	◎	－	◎院
23日	院	院	◎か
24日	○	○	－
25日	－	○	－
26日	院	◎	○
27日	院	○	○院
28日	○	－	○
29日	○	○院	○院
30日	○	×	○
参内	18	19	20
宿侍	8	9	11
院参	13	6	9

注）○＝参内，◎＝参内・宿侍，院＝院参
11月は29日まで．『小右記』による．

頭中将は須磨へ行けたか？

ところで「須磨」の巻では、須磨に居を遷した光源氏のもとへ頭中将が訪れます。そのとき、頭中将は蔵人頭（四位）から三位中将をへて宰相中将へと昇進していました。蔵人頭ではなくなっているのです。蔵人頭から昇進した際は、前述のようにすぐに参議（宰相）とされることが多いのですが、藤原能信《よしのぶ》・道雅《みちまさ》のように三位中将を経由する事例も少なくありません。「須磨」の巻で、頭中将が宰相中将へと昇進していることは、当時の通例から見てもごく自然なものであり、違和感はまったくありません。

そしてこの昇進によって「須磨」の巻は、よりリアリティをもって読むことができました。というのも、すでに述べてきたとおり、頭中将はとても忙しいため、京都を離れて須磨まで行くようなことは、どう考えてもありえないのです。

このころ、須磨まで行こうとするなら、日帰りでは無理でした。明るい間に須磨へ到着するためには、大坂付近で一泊する必要があるでしょう。二日目に須磨へ着き、そこで泊まるとなれば、三日目はまた途中で泊まり、四日目にようやく帰洛したのではないでしょうか。

つまり、頭中将に須磨の源氏を訪問させるためには、蔵人頭が四日間、天皇の許を離れるということになり、きわめて想定しづらいシチュエーションになります。ですから頭中将には、三位中将・宰相中将という比較的時間に余裕がありそうな地位へ昇進してもらう必要があったのです。宰相中将なら、頭中将ほど忙しくはありません。都を四日間離れたとしても、さしたる違和感はなかったといってよいでしょう。

5　さいごに

蔵人頭は、天皇の行動を支えた側近で、各世代のエース級が登用される出世ポストの代名詞でした。なかでも頭中将は、天皇を身近で支えることから、エリートなうえに血筋の良さや若さを兼ね備えた印象を与えます。読者に、〝こいつ、きっと将来、偉くなるんだろうなぁ〜〟というイメージをもたせるには、頭中将というポストは最適でしょう。

ですから紫式部も、光源氏と並ばせ競わせるのに、もっともふさわしい地位だということを、よく理解していたように思えます。けれども、具体的にどんな仕事をしているかは、あまりくわしく知らなかったかもしれません。もちろん、格子の上げ下げなどは知っているでしょう。でも、そのようなことは物語には無関係で、むしろ不要です。仕事の話を意図的に描かず、頭中将のイメージだけを利用することで、主人公の親友・ライバルとしての位置づけを際立たせているといえましょう。必要な要素だけを残しつつ、現実の姿には縛られないという設定は、さすがというほかありません。

ところで、蔵人頭の仕事は、紹介したような貴族の日記から分析が進められています。しかし、そこで対象とされるのは、政務に携わる「頭弁」であることが多く、天皇への随従を主とする「頭中将」については、あまり関心も高くないように思えます。頭中将については、今後、明らかになってくることも多いように思います。

参考文献

市川久編　一九八九『蔵人補任』続群書類従完成会
倉本一宏　二〇一四『人をあるく　紫式部と平安の都』吉川弘文館
近藤好和　二〇一九『天皇の装束』(『中公新書』)、中央公論新社
鈴木敬三　一九九五『有識故実図典　服装と故実』吉川弘文館
瀧浪貞子編　二〇〇八『源氏物語を読む』吉川弘文館
玉井　力　二〇〇〇『平安時代の貴族と天皇』岩波書店
土田直鎮　一九六五『王朝の貴族』(『日本の歴史』五)、中央公論社
橋本義彦　一九八六『平安貴族』平凡社
村井康彦監修　二〇〇八『源氏物語の雅び　平安京と王朝びと』京都新聞出版センター
目崎徳衛編　一九八五『侍中群要』吉川弘文館

II

平安時代の政治と社会

『源氏物語』の時代をよむ

一　『源氏物語』が書かれた時代
歴史学から考える転換期の文学

上島　享

1　『源氏物語』が書かれた時代とは

『源氏物語』の登場人物などは十世紀前半の宮廷社会をモデルにしたといわれています。一方、『源氏物語』を著した紫式部が生きたのは十世紀末から十一世紀前半の社会です。『源氏物語』の舞台設定と紫式部が生きた時代との間には、約一世紀近くの隔たりがありますが、この一世紀足らずの間に社会は大きく変化しました。つまり、十世紀前半と十世紀末・十一世紀前半とは別の時代といっていいほど、深い断絶があるのです。

『源氏物語』に描かれた貴族の生活様式や社会のあり方をみると、それは十世紀前半ではなく、紫式部が生きた時代――十世紀末から十一世紀前半――の貴族社会や都の様子が反映されています。この点に関してこれから具体的に論じていきますが、重要なことは、このような視角から『源氏物語』をみることで、物語そのものの歴史的位置づけが転換するのです。つまり、時代や社会のあり方を軸にものごとを考える歴史研究者の視点からみると、十世紀末・十一世紀前半の社会の様子を投影した『源氏物語』は、古代の貴族社会を描いた文学作品ではなく、新たに生起しつつある中世社会の姿を著した物語とすることができるのです。『源氏物語』が書かれた時代、そして『源氏物語』に描かれた社会について、歴史学の立場から考えてみたいと思います。

2　ユーラシア東部世界の変貌――混乱の二百年――

画期としての安史の乱

拙著『日本中世社会の形成と王権』（名古屋大学出版会、二〇一〇年）では、日本の中世社会形成のはじまりを中国の唐の滅亡（九〇七年）に求めました。唐が滅亡して、中国の社会や周辺世界が混乱するなかで、日本もその影響を受け、時代は古代から中世へ大きく転換したと考えました。しかし、近年の東洋史研究の成果を参照するなら、唐の滅亡を起点とすることは修正が必要です。唐の滅亡自体がもっと大きな歴史のうねりのなかで起こったのです。

中国本土を核として周辺地域をも含めた巨大な帝国を築いた隋、そして唐は、日本にも大きな影響を与えました。隋・唐より伝わった律令、漢字や仏教に基づく諸制度・文化は日本の古代国家の統治や文化の核になるとともに、日本文化の基層を形づくりました。ところが、八世紀中葉になると唐が帝国としての威信を失っていきます。その契機となったのが安史《あんし》の乱（七五五～六三）です。ソグド系民族の血を引く安禄山《あんろくざん》と史思明《ししめい》の勢力には遊牧騎馬諸民族が加わり、一方、唐軍が安史軍を鎮圧できたのは両者を天秤にかけたウイグルの支援によります。つまり、唐は独自の力で反乱を鎮圧できないのみならず、国家の命運自体、周辺の遊牧民族に握られていました。そして、唐はウイグルと吐蕃《とばん》の勢力均衡を背景にかろうじて存続することができ、中国本土も節度使《せつどし》（藩鎮《はんちん》）が力を握り、帝国としての体は完全に失われました。このように、唐帝国の解体を象徴する安史の乱は中国北方・中央ユーラシアで活躍した騎馬遊牧諸民族の動向が契機となっており、それがユーラシア世界全体に大きな変貌をもたらすことになるのです（森安　二〇〇七）。

混乱の二百年に起きたこと

八四〇年前後には、ウイグルと吐蕃が相次いで崩壊し、北方・西域世界の流動化は中国本土にも影響を与えます。八七五年、黄巣《こうそう》・王仙芝《おうせんし》を首領とする反乱が拡大し、八八四年には鎮圧されるものの混乱は続き、黄巣の配下で唐に寝返り汴州《べんしゅう》開封の節度使となった朱全忠《しゅぜんちゅう》により、九〇七年、唐は滅亡しました。そして、五代と呼ばれる混乱期を経て、中国本土がとりあえずの統一を取り戻すのは宋が成立した九六〇年です。

この間、中国周辺の諸地域でも勢力が塗り替えられていきます。マンチュリア（中国東北部）では、十世紀初頭にキタイ（契丹《きったん》・遼《りょう》）が建国し、中国東北部・朝鮮半島北部の渤海国《ぼっかい》（六九八〜九二六）を滅ぼします。朝鮮半島をおさえた新羅《しらぎ》（五七〜九三五）も滅亡し、十世紀中葉に高麗《こうらい》が半島を統一します。中国南東の雲南《うんなん》にあった南詔《なんしょう》国（六四九？〜九〇二）のあとには、大理《だいり》国（九三七〜）が興り、ベトナムでは十一世紀初頭に李《り》朝（大越国）が建国をします。このように、安史の乱以降の二百年間に中国本土を含むユーラシア東部世界全体は権力の多元化・分権化の時代を迎えたのです（杉山　二〇〇五）。そして、極東の日本列島では、王朝交替は起こりませんでしたが、社会が古代から中世へと大きく変化することになるのです。

3　平将門の乱——時代の転換点——

将門が目指したもの

日本の古代から中世への転換点に起こったのが平将門《たいらのまさかど》の乱です。天慶二年（九三九）十二月十九日、上野国府を占領した将門は、八幡大菩薩の託宣《たくせん》を受けて、新しい天皇との意を込めて「新皇」と自称しました。『将門《しょうもん》記《き》』によるなら、その時、将門が発した「勅《ちょく》」（天皇の命をいう）では「今の世の人、必ず撃ちて勝てるをもって君となす。たとい我が朝にあらずとも、みな人の国にあり」と述べ、キタイの耶律阿保機《やりつあぼき》が渤海国を滅ぼした例を挙げています。『将門記』の語りが正確な事実を反映したものかは検討を要しますが、朝廷にはキタイが渤海を滅ぼした事実が伝わっており、将門の乱の報に接した天皇や貴族は唐や渤海の滅亡を想起し、朝廷も同じ運命をたどるのではないかと脅えたに違いないでしょう。

将門に王権簒奪の意図があったのかは不明ですが、列島内に地域国家の樹立を目指していたことは確実です。将門がかつての主君藤原忠平《ふじわらのただひら》に宛てた書状には、

> 坂東諸国を虜掠《りょりょう》しおわんぬ。伏して昭穆《しょうぼく》を検ずるに、将門柏原帝王（桓武天皇）五代の孫なり。たとい永く半国を領するも、あに悲運といわんや。昔兵威を振るい、天下を取るは、みな史書にみゆるところなり。将門、天の与えるところ既に武芸にあり（『扶桑略記』天慶二年十二月十五日条）

と述べています。将門は現実に坂東諸国を占領し、仮に永く「半国」を領有する場合も、王孫ゆえその正統性があると主張しています。さらに、「昔兵威を振るい、天下を取るは、みな史書にみゆるところなり」といい、中国の「史書」を根拠に易姓革命《えきせいかくめい》に言及していることも注目されます。

世界情勢と日本――その影響の強弱――

『将門記』の語りや将門書状から、大陸で起きた混乱の二百年の歴史と当時の世界情勢が、日本の支配者層や知識人の行動や思惟に強い影響を与えていたことが確認できます。各地で王朝交代（王権簒奪）が起こり地域国家が樹立されるなか、結果的に将門の夢は潰えましたが、それもユーラシア東部世界で起こった興亡の一齣でし

た。つまり、世界情勢が大きく変貌するなか、極東に位置する列島日本ではその影響を受けつつも、影響力は相対的に弱く、その強弱が結果に反映したといえます。そして、日本では、王朝交替や地域国家の樹立がなかった事実は、その後の国制構造に決定的な痕跡を残したと考えます。古代天皇制にとって最初の危機が古代から中世への転換点でしたが、周辺諸国とは異なり、なんとかその危機を乗り切り、古代的な権力構造が完全に解体せず、権威化しつつも残ったことにより、その後、天皇制が存続する土台ができました。中世になると、院権力や武家政権が現れますが、古代からの天皇を頂点とする支配構造は形骸化しつつも存続することになり、それがその後の時代の権力構造の基層として残存するのです。こうして、日本の前近代の国制構造の基礎が固まっていきます。

4　日本中世のはじまり

唐宋変革——ナショナリズムの高揚——

中国では、この混乱の二百年の間に政治・社会・文化の構造が大きく転換し、それは「唐宋変革」と呼ばれています。政治面では、官僚制を効率化して科挙《かきょ》の機能を強化することで、皇帝を中心とする政務運営が強化され、貴族政治が衰退し君主独裁が展開しました。王朝交替のみならず、政治の内実も変化したのです。また、貨幣経済や商業活動の発展、交通路の整備により地域間の文化的統合が進み、生活習慣・思想・宗教などにおいて現在の「漢民族」を成り立たせる文化的基盤ができていきます。それは新たな地域統合が進展した周辺世界でも同じで、領土の帰属をめぐる紛争はナショナリズムを生起し、固有文化に対する自覚が顕著となります（内藤　一九六九、妹尾　一九九九）。中華帝国の求心力の低下やその崩壊は周辺地域の自立の契機となり、〈民族〉意識の覚醒につながり、〈独自〉〈固有〉というべき文化創造が始まるのです。

日本の文字表現

海を隔てた日本の場合、上述のごとく、「唐宋変革」の影響を受けるものの、それほど強いものではなかったといえます。たとえば、文字についてみるなら、キタイでは契丹文字、西夏では西夏文字《せいか》、金では女真《じょしん》文字が作られ、それらを使って碑文が書かれたり、中国語の仏典が翻訳されたりします。碑文の場合は、独自の文字で書かれるとともに、同じ内容が漢文でも併記されることが多いのですが、中国語の仏典が新たな言語に翻訳された事実は注目されます。つまり、碑文への記載も含め、新たな文字は漢字に代わるべきものとして創始・制定されたといえ、それぞれの〈民族〉意識の高揚が確認できます。それと同じように、日本では仮名が本格的に使われるようになり、『源氏物語』も仮名で記されます。しかしながら、漢詩などでは漢文が使われるとともに、その正格漢文をアレンジした「変体漢文」と呼ばれる文体が生まれます。藤原道長の日記『御堂関白記《みどうかんぱくき》』は変体漢文で書かれ、公文書も徐々に変体漢文での表記が主流になっていきます。さらに、院政期になると、『今昔物語集《こんじゃくものがたりしゅう》』のように漢字仮名交り文で記された説話集も現れます。このように、日本では漢文（正格漢文・変体漢文）、漢字仮名交り文、仮名が併用されるのです。

もうひとつ、仏教の事例をあげておきます。いまでも仏事法会《ほうえ》では、漢文のお経は通常、音読されています。漢訳仏典は読み下しや日本語（和文）にするのではなく、漢字をそのまま音読するのが普通です。ただ、僧侶が法会の主旨を語る表白《ひょうびゃく》などは、漢文の読み下し文（訓読）の形で読み上げられます。加えて、九世紀中葉から法会のなかで僧侶が俗人を教え導く教化が加わり、それは和語で語られます。つまり、法会における語りは漢文の音読とその読み下し文、日本の和語といった三つの言語表現からできており、上記の文字表記と相似しています（上島　二〇二一）。

以上、易姓革命や「変革」が起こった大陸とは異なり、日本の場合は、権力や文化の構造において、かつて隋や唐から受容した諸文化や制度を基層に残しながら、それらを変容させた新たなものが生起していき、両者が併存していることが特徴です。さらには最新の中国文化をも受容していき、基層の上に新たなものが重層していくことになるのです。

そういった時代の大きな転換点に紫式部や藤原道長が生まれたのです。そして、彼らは古代とは違った新たな時代を生きることになるのです。

5　内裏火災の頻発――〈火災の時代〉の到来――

天徳四年の内裏火災

このような時代の変化を象徴する出来事として内裏《だいり》火災の頻発を取りあげます。

内裏とは天皇が政務をとり生活を営んだ建物です。平安京の内裏は朝堂院《ちょうどういん》・大極殿《だいごくでん》の北東、現在の出水通りの千本を少し東に入った辺りにありました。図が平安京内裏図で、このような構造が定着するのは九世紀前半の嵯《さ》峨《が》天皇の頃です。内裏の正殿である紫宸殿《ししいでん》（南殿）は儀礼の場として使われ、天皇の執務や生活の場が清涼殿《せいりょうでん》です。そして、清涼殿・仁寿殿《じじゅうでん》の後方に広がるのが天皇のキサキたちが暮らした後宮《こうきゅう》で、そこには淑景舎《しげいしゃ》（桐壺）・飛香舎《ひぎょうしゃ》（藤壺）などの殿舎があり、キサキは天皇の声がかかると清涼殿の夜御殿《よるのおとど》で過ごしました。つまり、内裏は『源氏物語』の重要な舞台のひとつなのです。

その内裏が十世紀中葉より頻繁に火災にみまわれます。最初に燃えるのが、天徳四年（九六〇）九月二十三日の夜です。その日の村上天皇の日記によると、就寝中の天皇は侍臣の走り叫ぶ声を聞き、目を覚まし、近侍して

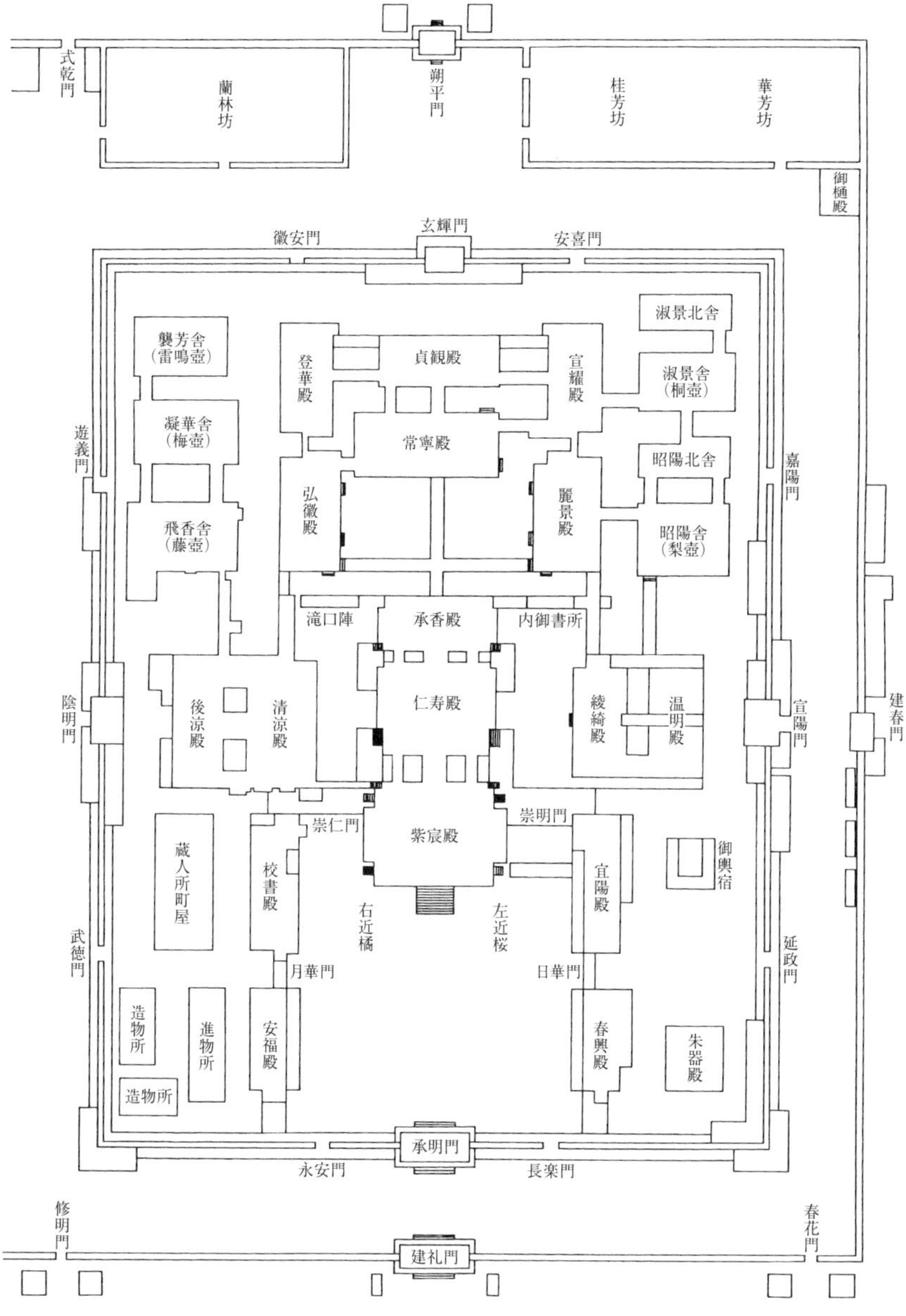

図　平安京内裏（『国史大辞典』第 8 巻，吉川弘文館，1987 年より転載）

表1　平安期における内裏焼亡と再建

回数	焼亡年月日	新造内裏への遷幸年月日
①	天徳4年(960)　9月23日	応和元年(961)　11月20日
②	天延4年(976)　5月11日	貞元2年(977)　7月29日
③	天元3年(980)　11月22日	天元4年(981)　10月27日
④	天元5年(982)　11月17日	永観2年(984)　8月27日
⑤	長保元年(999)　6月14日	長保2年(1000)　10月11日
⑥	長保3年(1001)　11月18日	長保5年(1003)　10月8日
⑦	寛弘2年(1005)　11月15日	寛弘4年(1007)　正月
⑧	長和3年(1014)　2月9日	長和4年(1015)　9月20日
⑨	長和4年(1015)　11月17日	寛仁2年(1018)　4月28日
⑩	長暦3年(1039)　6月27日	長久2年(1041)　12月19日
⑪	長久3年(1042)　12月8日	永承元年(1046)　10月8日
⑫	永承3年(1048)　11月2日	天喜5年(1057)　正月
⑬	天喜6年(1058)　2月26日	延久3年(1071)　8月28日
⑭	永保2年(1082)　7月29日	康和2年(1100)　6月19日
⑮	焼亡による再建ではない	保元2年(1157)　10月8日

里内裏の再建は除く．
⑦⑫は新造内裏の完成後もすぐには還幸が行われず，表では造宮叙位がなされた月を記す．
上島享『日本中世社会の形成と王権』名古屋大学出版会，2010年より．

いた少納言藤原兼家《かねいえ》が左兵衛陣門《さひょうえのじんのもん》が焼け、火を消すことができない旨を奏上しました。天皇は衣冠を着し、紫宸殿の前庭に出て、内侍所《ないしどころ》の宝物を取り出すように命じますが、すでに火が温明殿《うんめいでん》にまわり不可能との返答をうけました。天皇のいる南殿の南まで煙が迫っており、消火不能と悟った天皇は清涼殿に戻り、後涼殿《こうりょうでん》・陰明門《いんめいもん》を経て内裏を出て、中和院《ちゅうかいん》へ逃れましたが、そこも危険なため職曹司《しきのぞうし》へと避難しました。火は丑四刻（午前三時頃）にようやくおさまり、四時間にわたる火災で内裏は焼き尽くされ、温明殿の神鏡・太刀・節刀・契印をはじめ累代の宝物が焼失しました。村上天皇は「朕、不徳をもって久しく尊位に居し、この災殃に遭う。歎き憂うこと極まりなし」とした上で、「人代以後、内裏焼亡は三度なり。難波宮、藤原宮、今の平安宮なり。遷都の後、既に百七十年を歴て、始めて此の災いあり」と記しています（『扶桑略記』天徳四年九月二十三日条所収「御日記」）。

天皇の居所たる内裏は早速、再建に着手され、九月二十八日に行われた造宮定では殿舎の造営分担が決められました。そして、一年余で新造内裏は完成し、翌年十一月二十日、村上天皇は還御《かんぎょ》します。しかし、その内裏も約五年後の天延四年（九七六）五月十一日に焼亡しました。さらに、表1に示すように、天徳四年の火災以降、内裏は繰り返し焼亡したのです。

火災の頻発とその原因

村上天皇が「人代以後、内裏焼亡は三度なり。難波宮、藤原宮、今の平安宮なり。遷都の後、既に百七十年を歴て、始めて此の災いあり」と記したことは注目されます。「内裏」とは、この場合、宮殿を指すと考えますが、宮殿の火災は三度目で、平城宮では火事がなく、天徳四年の火災は藤原宮以来だと天皇が認識していたことは重要です。そして、平安遷都後、百七十年を経て、はじめて内裏が燃えたのです。百七十年もの間、火災にあうことのなかった内裏が天徳四年以降、繰り返し燃えることになるのです。

その事実は不思議であるとともに、興味深いもので、十世紀中葉より内裏が頻繁に燃える理由をどのように説明すればよいのでしょうか。先行研究では、内裏火災の頻発について二つの側面から説明がされてきました。ひとつは放火説です。藤原北家（後の摂関家）は様々な策略や陰謀により対抗勢力を排斥することで権力を獲得したとされており、そのようななか、権力に対して批判的な者により放火がなされたという説です。少し前ですが、貞観八年（八六六）に起こった応天門《おうてんもん》の変は火災が政争に利用された例といえるでしょう。そして、もうひとつの理由は、消火体制の衰退という見方です。古代の律令国家が衰退していく十世紀中葉には、朝廷は財政的に窮乏し、諸経費が削減されていき、近衛府を中心とする内裏の消防機能が低下することで、火災が増えたという考え方です。この二説はいずれももっともな説明のように思えます。ただ、史料をみると、たしかに内裏に放火された例は確認できますが、その時は近臣により消し止められ、全焼には至っていません。また、消防機能が低下しているのも事実ですが、上記のように消火された事例もあります。

多様な原因により発生する火災の説明のひとつとして、上記の二説は的を射たものであります。しかし、さらに広く火災について調べてみると、別の見方も可能となります。十世紀中葉あたりから火災が頻発するのは内裏だけではないのです。平安初期に最澄が開いた延暦寺では、承平五年（九三五）三月に根本中堂など堂舎四十余宇が、康保三年（九六六）十月には講堂・鐘楼等が焼け、いずれも創建堂宇の焼亡です。また、薬師寺でも、天禄四年（九七三）二月、金堂・塔一基を残して伽藍が灰燼に帰すことになり、藤原京に天武天皇が創建した時から数えて三百年余、薬師寺では火災がなかったといいます（『今昔物語集』巻一二第二〇語）。興福寺では少し遅れて、永承元年（一〇四六）十二月に北円堂など一部を残してほぼ全焼し、こちらも建立以来の災禍でした。そして、興福寺では康平三年（一〇六〇）五月、嘉保三年（一〇九六）九月と繰り返し伽藍が焼失します。もちろん、九世紀以前にも火災の記事は確認できますが、十世紀中葉以降、奈良・平安初期に建立された大寺院のいくつかは、創建伽藍の焼亡を経験している事実は注目されます。

内裏と同様、十世紀中葉より寺院でも火事が頻発するという事実は、陰謀などと関わる放火や経済的困窮による消防機能の低下といった貴族社会特有の論理では、その原因を説明することはできません。

6　政務時間の変化

政務時間の遅延

では、火災が頻発した理由を何に求めればよいのでしょうか。

内裏焼亡に至った出火の時刻と場所を示すと表2のようになります。一例を除き、夕刻・夜間で、衛府の陣や主殿寮官人の候所などからの出火事例が多いことが分かります。内裏の警固や管理にあたる部署からの出火は放火とは考えがたく、逆に、衛府官人らが夜間に内裏で警護などの任務に従事していたことを示すのではないでしようか。
結論を先取りするなら、朝廷の政務時間が変化して、朝廷に関わりのある貴族や女房、さらに僧侶の生活リズムが夜型へとなったことが火災頻発の原因だと私は考えています。

表２　内裏火災の発生時刻と出火場所

回数	焼亡年	発生時刻	出火場所
①	天徳４年（960）	亥三刻	宣陽門内北掖陣，左兵衛陣門
②	天延４年（976）	子刻	仁寿殿西面
③	天元３年（980）	申刻	主殿寮人等候所
④	天元５年（982）	寅刻	宣耀殿北廂（北には左兵衛佐宿所）
⑤	長保元年（999）	亥刻	修理職内造木屋
⑥	長保３年（1001）	亥刻	
⑦	寛弘２年（1005）	子刻	温明殿と綾綺殿の間
⑧	長和３年（1014）	亥刻	登華殿（北には右兵衛佐宿所）
⑨	長和４年（1015）	戌刻	主殿寮内侍所
⑩	長暦３年（1039）	戌刻	
⑪	長久３年（1042）	丑刻	右近衛陣北
⑫	永承３年（1048）	戌刻	
⑭	永保２年（1082）	午刻	内膳大炊屋

回数は表１の回数に対応．⑬については不明．
上島亨『日本中世社会の形成と王権』名古屋大学出版会，2010 年より．

奈良時代の政務の様子を確認しますと、平城宮の南門が開くのが寅一点（午前三時頃）で、官人が職務を行う朝堂院の門は卯四点（午前六時半頃）に開きました。また、十世紀初頭に編纂された『延喜式』では、宮城門は日の出の二十分前に、朝堂院南門は日の出の五十分後に開くとされています。つまり、奈良時代・平安前期の官人たちは、夜があけ、少したってから仕事を始め、昼頃には仕事を終えるのが一般的でした。これは中国隋・唐の政務時間に準拠したもので、中国とその周辺地域では普遍的なあり方だったといえます。

このような政務時間が十世紀を通じて、遅延していきます。その様子を知るため、元日儀礼の実施時刻を検討します。元日、天皇は四方拝《しほうはい》、供御薬《くみくすり》儀（天皇に屠蘇《とそ》を献ずる儀）、朝賀（朝賀が不実施の場合は、それを簡略化した小朝《こちょう》拝《はい》）、節会《せちえ》の順で儀式をこなしていきます。九世紀中葉に成立した『貞観儀式』巻六「元正朝賀儀」では、天皇は辰

表３　元日儀礼の実施時刻

年	供御薬	朝賀	小朝拝	節会
延喜　3 年（903）				午四刻
延喜　7 年（907）	巳刻	×	×	×
延喜　8 年（908）		×	×	未刻
延喜 13 年（913）		辰二刻，未三刻（還宮）	×	申三刻
延喜 15 年（915）	巳刻	×	×	○
延喜 19 年（919）		×	午三刻	○
承平　2 年（932）				申二刻
天慶 10 年（947）		巳三刻（行幸），申刻（終了）	×	
天暦 11 年（957）		×	秉燭	○（不出御）
天徳　4 年（960）		×	酉刻	○（不出御）
康保　3 年（966）		×	申刻	○（不出御）
天元　5 年（982）	申刻	×	○	秉燭
永観　3 年（985）	未刻	×	×	○
正暦　4 年（993）		卯刻行幸	×	
長保　2 年（1000）	酉刻に未実施	×	○	×
長保　3 年（1001）	秉燭に未実施	×		×
長保　5 年（1003）		×	酉刻	
長保　6 年（1004）		×	申一刻	申三刻
寛弘　5 年（1008）		×	○	子刻（終了）
寛弘　7 年（1010）		×	○	申刻
寛弘　8 年（1011）		×	申刻	申刻
寛仁　2 年（1018）	晩景	×	○	秉燭
万寿　2 年（1025）	未刻	×	○	亥刻（終了）
万寿　3 年（1026）	未刻	×	○	亥刻（終了）

実施時間が明記されている事例のみをあげ，11 世紀以降は典型的な例を記す．
注記のないものは開始時刻を示す．
×は不実施，○は実施が確認できるが時刻は不明のもの．
上島享『日本中世社会の形成と王権』名古屋大学出版会，2010 年より．

一刻（午前七時頃）に建礼門《けんれいもん》より内裏を出て、大極殿後房につき、群臣が参入・列立し、儀式が始まるとしています。朝賀と呼ぶにふさわしく早朝より挙行されています。ところが、十世紀になり朝賀の不実施が目立つようになると、元日儀礼全体に変化が現れます。

表3には、十世紀・十一世紀前半を対象に、史料に明記された元日諸儀礼の実施時刻をまとめました。まず、十世紀前葉（九三〇年代頃まで）には、朝賀がない年は供御薬儀が巳刻（午前九時〜十一時）に、事例は少ないものの、朝賀に代わる小朝拝は午刻（午前十一時〜午後一時）に行われています。注目すべきは九四〇・五〇年代頃からの変化です。天慶十年（九四七）の朝賀で天皇が大極殿（八省院）に行幸したのは巳三刻（午前十時頃）で、『貞観儀式』の規定より数時間遅れています。さらに、朝賀が不実施の場合、小朝拝は申・酉といった夕刻より始まり、元日儀礼の実施時刻が遅れていく様子がみられます。

正暦四年（九九三）、久方ぶりに行われた朝賀では、天皇は卯刻（午前五時〜七時）に大極殿へ行幸しており、旧儀に従ったと思われます。行幸以前に大極殿で待機すべき藤原行成《ゆきなり》は遅刻をして、巳刻に大内裏に入っています（『権記』同年正月一日条）。恐らく行成のように早起きができず、遅参した公卿も多かったと思います。そして、これを最後に朝賀は姿を消し、十一世紀に入ると、元日儀礼は夕刻から始まり、節会が終わるのは深夜になります。このような政務の時間の遅延は元日儀礼に限らず、朝廷の公事全般にみられることで、『小右記《しょうゆうき》』『中右記《ちゅうゆうき》』など平安中後期の貴族日記を読めば、政務・儀式が夜遅くまで行われていたことは容易に知られます。

朝廷そのものの変化

このように、朝廷の政務時間は十世紀を通じて遅延していき、特に十世紀中葉あたりが転換点で、十一世紀になると夕方・夜にずれこんでいくのです。同時に、十世紀を通じて、正月の天皇拝賀儀礼が朝賀から小朝拝へと変化することは、政治や社会の変化を象徴する出来事といえます。大極殿・八省院で行われていた朝賀が、内裏清涼殿・東庭での小朝拝となることは、天皇への拝賀が文武百官から天皇側近に限定されたことを意味しており、国家機構そのものの縮小を意味します。巨大な官僚機構を動かすには、定刻に業務を遂行していくことが必要ですが、限られた臣下により政治が動かされることになり、政務の開始時間はルーズになり、公事の夜儀化が進行します。もはや朝賀の実施は困難となり、それは朝堂院（八省院）内の朝廷で朝、政務・儀礼を遂行する朝廷そのものの変貌を意味するのです。古代とは明らかに異なる時代が成熟しつつあることを示しています。

7　夜型生活の展開

公事の夜儀化

朝廷の政務・儀礼の実施時間は貴族たちの生活リズムを規定したといってよいでしょう。貴族の生活の様子を知るため、夜儀化が定着した十一世紀初頭、寛仁二年（一〇〇五）の正月除目《じもく》の様子をみてみましょう。

除目とは官職の補任を行う人事会議で、正月には諸国の受領《ずりよう》（長官）などが決定され、それは朝廷で最も重要な政務のひとつです。この年は、正月二十五日から二十七日までの三日間、除目の会議が開かれ、左大臣藤原道長が除目の上卿《しようけい》（責任者）を勤め、藤原実資《さねすけ》や藤原行成も参加しており、彼らの日記『御堂関白記』『小右記』『権記《ごんき》』から除目の具体的な開始時刻と終了時刻が分かります。初日二十五日は未刻（午後一時～三時頃）に始まり、亥二刻（午後九時半～十時頃）に終わり、二日目二十六日は未終刻（午後三時頃）に開始、子刻（午後十一時～午前一時頃）に終了、最終日二十七日は開始時刻が未刻、終了時刻が丑二刻（午前一時半～二時頃）です。つまり、重要な会議である除目は昼過ぎに始まり、夜遅くまで続き、最終日は深夜になっても議論がなされていたことが分かります。

除目の責任者である藤原道長は、天皇の外戚であるため、内裏に直盧《じきろ》（執務室）を持っており、会議が長引いた二十六日・二十七日はそこに泊まっています。しかし、他の貴族たちにはそういった部屋はなく、除目終了後、自邸へ帰りました。深夜に帰宅し、就寝するのは朝方近くです。当然、朝寝坊をして、翌日の会議が始まるのは昼過ぎになります。このように、政務時間がルーズになり遅延することにより、貴族の生活時間は夜型になっていくのです。

除目の最終日は太陰暦の二十七日で、ほぼ新月です。会議を終えた貴族たちは、丑三つ時の真っ暗な平安京を、若干の従者を連れて帰宅するのです。彼らが犬や鳥のささいな鳴き声に恐怖を感じたとして不思議ではありません。平安京は魑魅魍魎《ちみもうりょう》の世界だといわれることもありますが、そのような観念的な世界が広がるのも、貴族が夜型の生活を送ることと密接に関わります。彼らは暗闇の中でものを見て、臭い（香）を敏感に感じ取るようになります。谷崎潤一郎の『陰翳礼讃』に描かれるような日本文化のあり方は、十世紀中葉以降の貴族生活の中から生まれたものなのです。

貴族の夜型生活――夜の文学の誕生――

『紫式部日記』には、寛弘五年（一〇〇八）十一月一日に行われた敦成《あつひら》親王（後の後一条天皇）の五十日《いか》儀（出産後、五十日の祝儀）の様子が描かれています。祝儀の配り物について「たちあかしの光の心もとなければ、四位の少将などを呼びよせて、脂燭ささせて人々は見る」（松明の光がおぼつかないので、四位の少将などを呼びよせて、脂燭をつけさせて、人々はそれらをみる）とあり、夜に松明・脂燭（携帯用の灯火）を使っている様子が分かります。それに続けて、次の記載があります。

左衛門の督「あなかしこ、このわたりに、わかむらさきやさぶらふ」と、うかがひたまふ。源氏に似るべき人も見えたまはぬに、かの上は、まいていかでものしたまはぬと、聞きゐたり

［訳］左衛門督は「失礼ですが、このあたりに若紫はおいででしょうか」と几帳の間からおのぞきになる。源氏の君に似ていそうなほどの方もお見えにならないのに、ましてあの紫の上などがどうしてここにいらっしゃるものですかと思って、私は聞き流していた。

祝宴で酔いが回った左衛門督（藤原公任か）に対して、紫式部は素っ気ない対応をしています。この逸話は寛弘五年には『源氏物語』の前半部分が貴族社会に流布していたことを示すものとして有名です。つまり、『源氏物語』が書かれた時代――紫式部が生きた時代――は、たしかに貴族や女房は夜型の生活をしていたのです。光源氏が女性の許に通うのも政務が終わった深夜であり、恋愛の舞台は夜なのです。もし、紫式部が奈良時代や平安前期に生きていたら、朝型の生活をしていたはずで、夜の文学である『源氏物語』は決して生まれることはなかったのです。

生活の変化と火災

このように、十世紀中葉を大まかな転換点として、朝に行われていた朝廷の政務・儀式の時間は昼過ぎ、夕方へと遅延していき、公事の夜儀化にともない、貴族や女房の生活リズムは朝型から夜型に変わり、『源氏物語』が生まれることになったのです。それは朝廷に使えた僧侶たちも同じで、貴族社会の影響を受けて、寺院社会も夜型になっていきます。仏事法会の実施時間も昼過ぎ、夕刻から開始される場合が多く、僧侶が勉強のために書写した聖教（経典やノート）の奥書をみると、深夜に僧房で勉強をしていたことが分かります。夜に僧房で書き物をするためには、灯明が必要で、火の不始末の可能性も高まります。

内裏の焼亡について改めて確認すると、儀式が終わった直後に出火したという事例がいくつかあります。深夜まで儀式が続き、火の不始末が原因で火災が起こっているのです。もちろん、放火など様々な要因が想定できますが、十世紀中葉ごろから内裏や諸寺院で火災が発生するのは、松明・灯明など火の不始末が原因で、それは人々の生活リズムが夜型になっていき、松明・灯明の使用頻度が増えたことによるのだと私は考えます（上島二〇一〇）。

8 大規模造営の時代と富の偏在

造営事業と都鄙間交流

十世紀後半から内裏が繰り返し焼亡することは、大規模造営の時代の幕開けを告げるものです。内裏再建の経費は全国に割り当てられ、各国の受領が任国から費用を捻出して、都へ運びました。当初は国衙（各国の役所）に蓄積されていた財源を使用することで賄われましたが、内裏再建が繰り返されることで国衙の備蓄は枯渇して、国内に臨時課税が賦課されることになります。「造内裏」という名目で百姓に目的税が課されるのです。それを支払うようにいわれた百姓は、その時、恐らく「内裏」や天皇の存在を認識したことでしょう。内裏の再建は、当時の百姓にとって、天皇や朝廷という存在を意識する数少ない機会だったといえます。

この内裏の再建方式は、その後、京都で行われる様々な造営事業の先例となりました。平安末期には、白河（現在の岡崎公園周辺）や鳥羽（京都南インター周辺）に多数の寺院や院御所が建立されて、新たな都市空間ができていきます。日本の中世が形成・確立する十一・十二世紀は大規模造営の時代でもあり、都での造営事業を請け負ったのが諸国の受領でした。そして、造営事業をきっかけとして、都鄙間で人や物が活発に移動して、都の文化が地方へと伝播していき、地方の文物が京へともたらされました。

藤原道長の土御門殿造営――格差の拡大――

藤原道長もこの内裏の造営方式に準拠して自邸を造りました。道長の邸宅土御門殿《つちみかどどの》の造営について、彼に批判的な貴族藤原実資は日記に次のように記しています。

土御門殿寝殿一間を以て〈南廂よりはじめ北廂に至るの間なり、簀子・高欄を相い加う〉諸受領に配り〈新旧を論ぜず、事に堪える者を撰ぶ〉営ましむと云々。未だ聞かざる事なり。造作の過差、往跡を万倍す。また伊与守頼光、家中雑具、皆悉《ことごと》くこれを献ず。厨子・屏風・唐櫛笥具、韓櫃・銀器・舗設・管弦具・剣、その外の物、記し尽くすべからず。（中略）当時の太閤（藤原道長）の徳、帝王の如し（『小右記』寛仁二年（一〇一八）六月二十日条）。

道長は自邸の造営を一間ずつ受領に割り当てており、実資は「前代未聞のことだ」と批判します。さらに、道長の側近であった伊与守源頼光は邸宅の雑具を悉く献上しました。このような道長邸の造営のあり方を目の当りにした実資は、批判の意もこめて、「いまの道長の徳はまさに帝王のごとくである」といっているのです。

道長の権勢が知られる記事で、道長が私邸を天皇の居所たる内裏のごとく造営した事実は注目されます。道長が現実に権力を握っていたゆえ、諸国の受領も従わざるを得なかったのです。十一世紀に入ると、朝廷から貴族に与えられる俸禄《ほうろく》（給与）はほとんど有名無実になります。そのようななか、道長のように権勢のある者には富が集まり、一方、貴族であっても力がなければ、生活は苦しくなります。十一世紀に入ると、富の偏在が顕著となり、一見、華やかで豊かにみえる貴族社会において格差が拡大していくのです。

『源氏物語』では、光源氏のところには、舶来品である唐物をはじめとする高級品が集まってきますが、一方で、末摘花のように天皇家の一員でありながら、しかるべき後ろ盾がなければ貧しい生活を余儀なくされた女性もいました。これも紫式部の生きた時代の現実です。

9 転換期の文学としての『源氏物語』

公事の夜儀化、貴族生活の変化、富の偏在などこれまで述べてきたように、紫式部が生き、『源氏物語』が著された十世紀末から十一世紀前半の日本では、大きな転換を経て、新たな時代の歩みが始まりつつありました。それを本稿では、古代の終焉、中世の胎動という文脈で論じてきました。歴史研究者にとっては、いかに時期区分を行うのかが極めて重要な課題ですが、本稿で強調した「古代」「中世」という呼称は別にしても、『源氏物語』が書かれた時代は奈良時代や平安前期とは明らかに異なった時代でした。

それはユーラシア東部世界の変革のなかで起こったもので、しかも、大陸から距離のある極東の日本では、結果的に王朝交替は起こらず、かつて受容した隋・唐の制度や文化を否定するのではなく、それを基層として新たなものが生まれていきました。形骸化しながらも天皇制は残り、しかも、大陸では見られない公事の夜儀化が起こり、夜の文化が展開していくのです。

このような時代背景のなかで生まれたのが『源氏物語』なのです。私の立場からいえば、『源氏物語』は転換期の文学、あるいは新たな時代たる中世の幕開けを告げる文学作品だと主張したいのです。

参考文献
上島　享　二〇一〇「大規模造営の時代」（『日本中世社会の形成と王権』名古屋大学出版会、初出は二〇〇六

年）
上島　享　二〇一一「日本中世宗教文化の特質」（『日本宗教史2　世界のなかの日本宗教』吉川弘文館）
杉山正明　二〇〇五「モンゴル時代のアフロ・ユーラシアと日本」（『日本の時代史9　モンゴルの襲来』吉川弘文館）
妹尾達彦　一九九九「中華の分裂と再生」（『岩波講座世界歴史9　中華の分裂と再生』岩波書店）
内藤湖南　一九六九「概括的唐宋時代観」（『内藤湖南全集　第八巻』筑摩書房、初出は一九二二年）
森安孝夫　二〇〇七『興亡の世界史　シルクロードと唐帝国』講談社

二　後白河院・後鳥羽院の政治と文化

長村祥知

1　摂関政治から院政へ

　紫式部の時代から百五十年。平安時代も後期になると、政治体制も変化し、武士が存在感を増して、平家や鎌倉幕府が武家の政権を樹立します。保元元年（一一五六）に起こった保元の乱では京が合戦の舞台となり、治承三年（一一七九）政変では平清盛が院政を停止しました。翌治承四年からは全国的な内乱状態になり、やがて東国に鎌倉幕府が成立します。さらに承久三年（一二二一）に起こった承久の乱では、鎌倉幕府軍に敗れた三名の上皇が配流されるという前代未聞の事態となりました。

　本章では、この平安時代末期〜鎌倉時代初期を生きた二人の帝王、後白河院と後鳥羽院に焦点を当てて、彼らの政治への取り組みや文化への関心、その周囲をとりまく貴族たちの動きなど、「その後の光源氏」を考えたいと思います。

　まず、摂関政治から院政へという変化を大雑把にみておきましょう。

　摂政藤原道長（九六六―一〇二七）をはじめとして、平安時代中期に摂政・関白が権力を掌握したのは、天皇

図1　藤原氏系図

図2　後白河院周辺系図

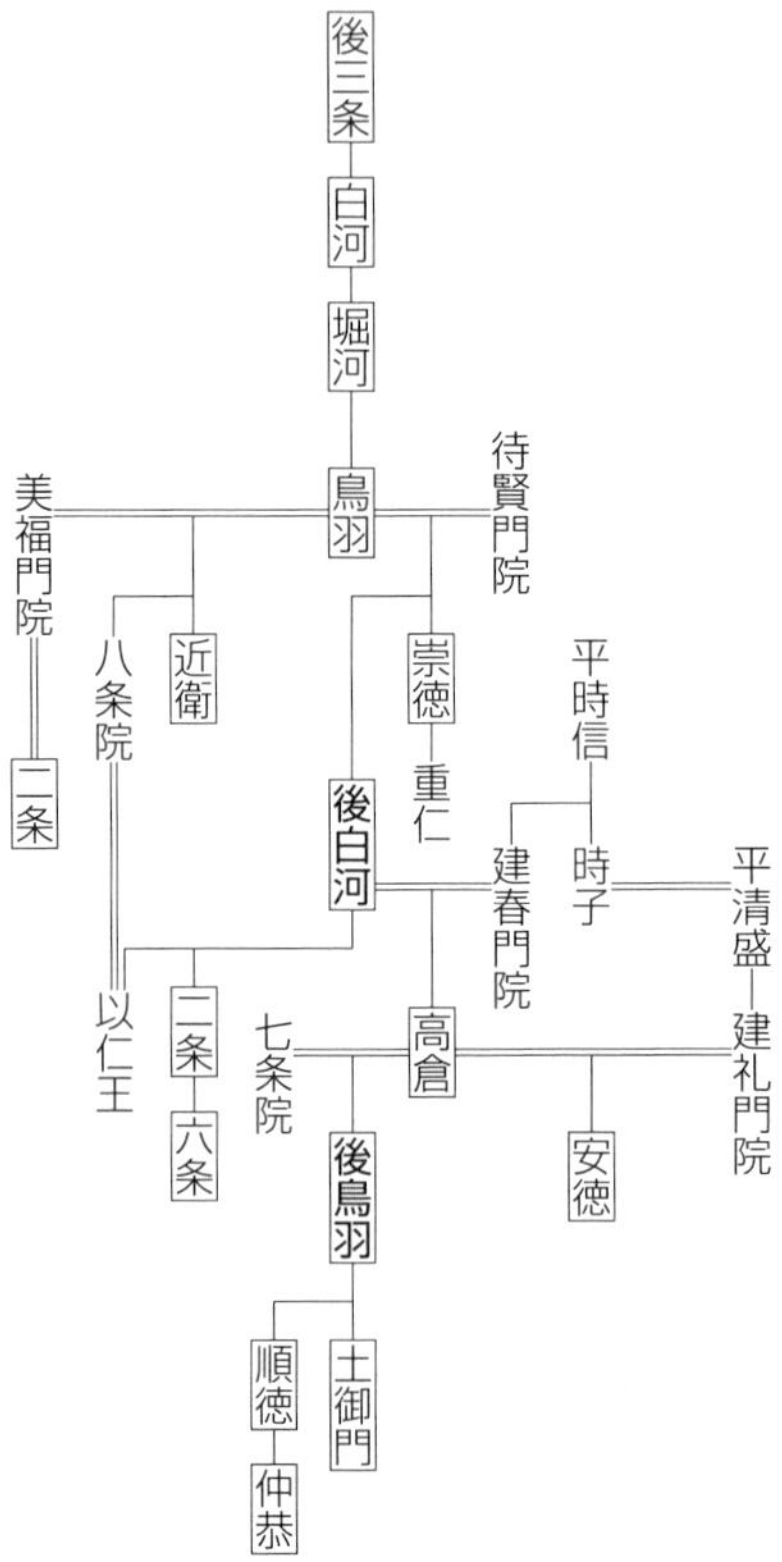

（注）＝は婚姻、‖は猶子・養育、人名は太上天皇・天皇。作図の都合上、長幼の順は厳密ではない。

の外戚（舅・祖父）の立場にあったからでした。しかし治暦四年（一〇六八）に践祚《せんそ》した後三条天皇（一〇三四—七三）の母は、三条天皇の皇女である禎子内親王（陽明門院）でした。その後も、摂政・関白になれるのは道長の嫡流子孫で、平安末期には藤原忠通の男である近衛基通・松殿基房・九条兼実の三家のみに限られますが、後三条天皇のときに摂関家が天皇の外戚からはずれたことにより、政治を主導する立場は天皇家の家長に移ります。院政とは、退位した天皇すなわち上皇・法皇（「――上皇（または法皇）」を「――院」とも呼びます）による執政をいいます。十一世紀以降では、後三条天皇が延久四年（一〇七二）十二月に譲位したのが最初の院政かともいわれていますが、後三条上皇は翌延久五年五月に病で没したため、院政をしく意図があったかどうかは微妙なところです。

本格的な院政の主としては、後三条の次代の白河天皇（一〇五三―一一二九）が挙げられます。白河は、応徳三年（一〇八六）に堀河天皇に譲位して上皇となりました。白河院は、堀河・鳥羽・崇徳と、三代の天皇の在位期に院政をしきました。白河院が死去した時の評価として、藤原宗忠《むねただ》の日記『中右記《ちゅうゆうき》』大治四年（一一二九）七月七日条には次のように記されています。

天下の政をとること五十七年〈在位十四年、位を避りて後四十四年〉、意に任せて法に拘わらず除目叙位《じもくじょい》を行い給《たま》う。（中略）男女の殊寵《しゅちょう》多く、すでに天下の品秩破るなり。（原漢文）

自身が天皇として足かけ十四年、譲位してから四十四年、その間五十七年間、政治を主導し、意のままに叙位除目を行って男女の近臣多数を昇進させ、天下の官位・俸禄の秩序を破ったというのです。平安時代後期、貴族の昇進経路は、先例の蓄積により、家格と家職に応じて幾種類かに定まりつつありました。白河院は、そうした秩序を超越して、近臣を昇進させることができたのです。

父祖以来の仕事や約束ごとを守って昇進する上級貴族からすれば、院に取り入って昇進する近臣は気に入りません。しかし院にすれば、生まれの身分が低くても実力があったり、気が利《き》いたりする人材を取り立てて、自分に忠誠心を持たせることができます。こうした院と近臣の関係や、彼らをとりまく貴族の批判的な視線は、後白河院・後鳥羽院のときにも同様でした。

2 後白河院

少・青年期——白河院・鳥羽院の下で傍流の皇族として——

後白河は大治二年（一一二七）九月十一日に誕生しました。同年十一月に親王宣下を受けて、諱《いみな》を雅仁と定められました。

そのころは兄崇徳《すとく》天皇の在位中で、父の鳥羽院が院政をしいていました。将来の天皇候補は崇徳天皇の子と予想され、のち保延六年（一一四〇）九月に重仁が生まれます。また鳥羽院は、藤原長実娘得子（美福門院）との間に保延五年五月に生まれた異母弟の体仁《なりひと》（近衛天皇）の践祚を希望したため、若いころは雅仁が天皇となる可能性は低かったのです。

しかし久寿二年（一一五五）七月二十四日、近衛天皇の死去に伴い、後白河が高松殿で践祚します。康治二年（一一四三）に後白河の子に生まれ、美福門院が養育していた守仁（のちの二条天皇）の践祚を推す声が強かったのですが、存命の父を飛び越して子が践祚するのはおかしいため、守仁が成長するまでの間の中継ぎとして、父である後白河が天皇に在位することとなりました。

後白河の著作として『梁塵秘抄口伝集《りょうじんひしょうくでんしゅう》』があります。現存するのは巻一断簡と巻十だけですが、嘉応元年（一一六九）ころまでに巻一から巻九までが成立し、その後治承三年（一一七九）か四年以降に成立したと考えられています。その巻十に次のように記されています。

十余歳のときより今に至る迄、今様《いまよう》を好みて怠ることなし

貴族社会の正統な芸能である和歌に対して、今様は遊女・傀儡子《くぐつ》を中心的担い手とする流行歌謡でした。今様

は、白河・鳥羽院政期に貴族社会にも流行しましたが、まだ帝王が学ぶ芸能としては定着していませんでした。後白河は、十余歳の若いころには天皇となる予定にない立場だったからこそ、自由に好きなことを楽しめたのです。

後白河は長じてからも今様をはじめとする異端・新興の芸能への関心を持ち続けました。

青・壮年期――院政の主として、平家との提携――

図３　後白河法皇坐像　長講堂蔵

保元元年（一一五六）七月二日に鳥羽法皇が没し、その直後に起こった保元の乱では、兄の崇徳上皇と摂関家の藤原忠実・頼長に対して、後白河天皇・美福門院と藤原忠通が勝利します。京都を舞台とするはじめての合戦で、さまざまな武士が動員されましたが、特に平清盛・源義朝・源義康の武力が後白河方を勝利に導きました。

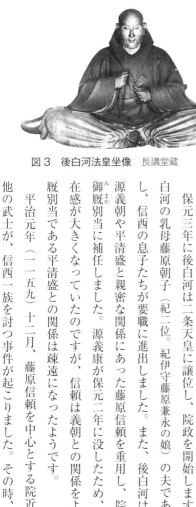

保元三年に後白河は二条天皇に譲位し、院政を開始します。保元の乱後は、後白河の乳母藤原朝子（紀二位。紀伊守藤原兼永の娘）の夫である信西《しんぜい》が政務を主導し、信西の息子たちが要職に進出しました。また、後白河は、保元の乱以前から源義朝や平清盛と親密な関係にあった藤原信頼を重用し、院政開始時に信頼を院御厩《みまや》別当に補任しました。源義康が保元二年に没したため、平清盛と源義朝の存在感が大きくなっていたのですが、信頼は義朝との関係をより深め、前任の院御厩別当である平清盛との関係は疎遠になったようです。

平治元年（一一五九）十二月、藤原信頼を中心とする院近臣たちと源義朝その他の武士が、信西一族を討つ事件が起こりました。その時、平清盛は熊野参詣に出ていましたが、京に戻って信頼・義朝と戦い、勝利します。この一連の事件を平治の乱と呼んでいます。

平治の乱後、二条天皇が親政をしく時期もありましたが、二条は永万元年（一一六五）七月に死去しました。仁安三年（一一六八）二月、後白河は、二条の子の六条天皇を退位させ、自身の子である高倉天皇を践祚させます。長寛二年（一一六四）生まれの六条天皇は、安元二年（一一七六）に没しました。

高倉は、応保元年（一一六一）に後白河と、平清盛の義妹（清盛室時子の妹）である平滋子（建春門院）との間に生まれました。この時期、後白河と清盛は高倉の擁立という目的で協力し、承安二年（一一七二）には平清盛の娘徳子（建礼門院）が高倉の中宮として入内《じゅだい》しています。

翌嘉応元年（一一六九）六月に後白河は出家し、法名を行真としました。

老年期──内乱の勃発とその終息後──

安元二年（一一七六）七月、後白河と清盛の仲介役である建春門院が没しました。翌安元三年六月には、後白河が清盛の暗殺を企てたとして院近臣が斬首・配流された鹿《しし》ケ《が》谷《たに》事件が起こり、後白河と清盛の関係は決定的に悪化しました。治承三年（一一七九）、平清盛は政変を起こして後白河を幽閉します。治承二年十一月に生まれた孫の安徳天皇を践祚させ、清盛の娘婿である高倉上皇の院政を開始しました。

翌治承四年五月には、平家に不満を表明して挙兵した以仁王《もちひとおう》と源頼政が宇治で合戦に敗れました。以後、以仁王の令旨《りょうじ》を受けて八月に関東で源頼朝が挙兵したことをはじめ、列島各地が内乱状態になりました。

寿永二年（一一八三）七月、木曽義仲や美濃・尾張・近江等の反乱軍が京に迫り、平家と安徳天皇は、三種の神器を持って都落ちしました。結果として後白河は、京都に所在する唯一の皇統となり、異端どころか、正統な帝王という立場になったのです。同年八月二十日、孫の後鳥羽が践祚します。

平家にかわって京に入った木曽義仲は、元暦元年（一一八四）正月に宇治川合戦で源頼朝が派遣した軍勢に敗れ、のち近江国粟津で討死しました。平家は文治元年（一一八五）三月に長門国壇ノ浦で亡びました。後白河は、木曽義仲や平家の追討に活躍した源義経を頼りにして在京させようとしますが、やがて鎌倉の源頼朝と義経が対立し、義経は京を去ります。文治五年九月、義経を迎え入れた陸奥国平泉の藤原氏を、源頼朝が滅ぼしました（奥州合戦）。こうした内乱の過程で、源頼朝率いる武家政権は鎌倉を本拠として大きな影響力を持つまでに成長しました。

建久元年（一一九〇）十一月には源頼朝が多くの御家人を率いて上洛し、後白河と対面します。ここに、東国に本拠を置く武家政権が、京の院率いる公家政権を支えるという国家体制が確立しました。

建久三年三月十三日、後白河は六十六歳で六条殿に没し、法住寺陵《ほうじゅうじ》に葬られました。

正統な帝王の異端な関心

後白河は藤原俊成《しゅんぜい》《としなり》に勅撰和歌集の編纂を命じ、文治四年（一一八八）四月に『千載和歌集《せんざいわかしゅう》』が奏覧されました。正統な帝王の文化事業を後白河も進めたといえるでしょう。しかし、後白河みずからが取り組む関心の中心は、伝統的な文化・芸能よりも新興・異端なものでした。

『梁塵秘抄口伝集』巻十によれば後白河は、すでに天皇となっていた保元二年（一一五七）、乙前という今様の名人の歌をなんとか聞きたいと思って、信西入道らの人脈をたどって会うことができ、その後十数年間、乙前を師として今様の伝授を受けたとも記されています。

この乙前以外にも、後白河は広範な芸能にかかわる下層身分者と積極的に交流しました。今様以外にも、読経《どきょう》や蹴鞠《けまり》等の都市民に発展した新興芸能に後白河みずからが取り組み、それら雑芸能の地位を高めようとしました。

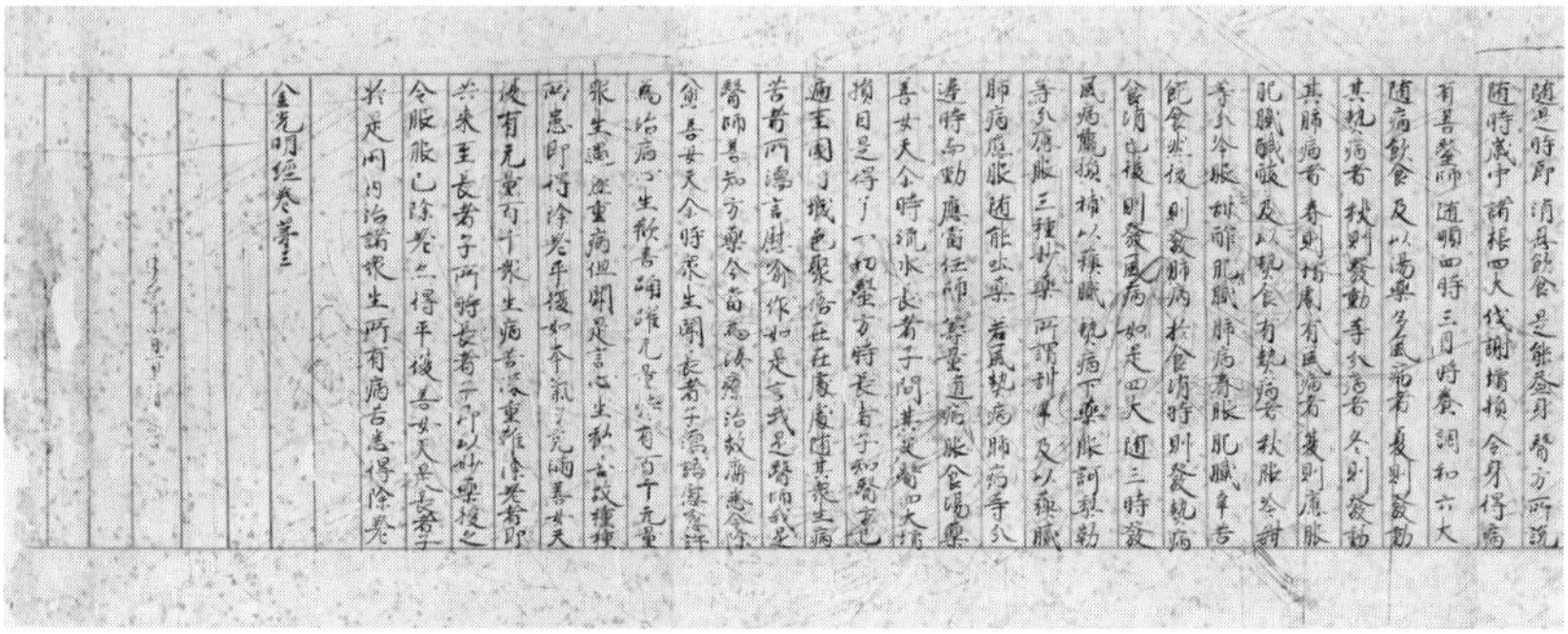

図４　『金光明経』巻第三（巻末）　京都国立博物館蔵

また庶民を儀式空間に取り込むなど、都市民の支持を強く意識し続けました（辻　二〇一七）。

また後白河院は、絵巻を作成させ、蒐集しました。蓮華王院宝蔵に「年中行事絵」「後三年合戦絵」など、みずから制作に関与した絵巻を収めたことが知られています。

ちょっと変わったものとして、「目無し経」があります。「目無し経」は、描かれた人物の目鼻が省略されているためにその名で呼ばれる、平安時代後期の装飾経です。この資料は、『源氏物語』に類する王朝物語絵巻の作成途中と思しく、白描画が描かれていますが、写経の料紙に転用された状態で現存しています。現在、『般若理趣経』《はんにゃりしゅきょう》一巻（大東急記念文庫）と『金光明《こんこうみょう》経』《きょう》巻第三（京都国立博物館）が伝存し、『金光明経』巻第二、第四が断簡として諸所に分蔵されています。かつては『金光明経』四巻と『般若理趣経』一巻の全五巻で一式だったと考えられています。

『金光明経』巻第三に、建久三年（一一九二）四月一日に書写した旨の奥書があります。ちょうど後白河が建久三年三月十三日に没した直後のことです。また『般若理趣経』には、建久四年八月の奥書があります。字が読めずに文意不明瞭な部分もありますが、「後白河法皇□禅尼」が絵巻を制作していたが、後白河の崩御によって、その菩提を弔うために絵巻の料紙に写経をしたこと、経文は静遍《じょうへん》（平頼盛の子）が書き、梵字は醍醐寺の成賢《じょうけん》（信西の孫）が書いたこと、醍醐寺の深賢《じんけん》がその経を受領したことが記されています。

こうした正統的な絵画にも関心はあったようですが、後白河らしさを示すものもありました。特に注目されるのは、六道絵《りくどうえ》の「地獄草紙」「餓鬼《がき》草紙」「病《やまいの》草紙」といった苦痛を伴う強烈な表現をとる絵巻が含まれることです。従来の帝王の嗜好とは異なり、新たに異端なものを蒐集したといえるでしょう。こうしたところにも、後白河の個性が表れています。

後白河は、政治情勢の結果として正統な帝王という立場に至りますが、異端・新興の芸能への関心や都市民への意識を持ち続けたのです。自身の若き日の立場に加えて、長じてからは京や各地で戦乱が打ち続くなかで、新たな帝王のありかたを模索していたといえそうです。

3 後鳥羽院

幼少期——後白河院政の下で——

後白河院の孫で、その後継者となったのが後鳥羽院です。

後鳥羽は、平家政権のもとで兄安徳天皇が在位中の治承四年（一一八〇）七月十四日に誕生しました。後鳥羽の父は高倉天皇、母は坊門信隆《ぼうもんのぶたか》の娘殖子（七条院）で、信隆はすでに治承三年に没しており、殖子の弟信清は当時まだ二十二歳でした。幼少期の後鳥羽を養育したのは、乳母《めのと》である藤原範子の叔父高倉範季でした。この坊門家・高倉家の一族は、以後も後鳥羽が最も信頼する親族・近臣となります。

寿永二年（一一八三）八月二十日、京都で後鳥羽が践祚しました。諱は尊成《たかひら》と名づけられました。後鳥羽もまた、予期せず天皇となったわけですが、後白河と違って誰かへの交代を予定していたわけではなく、京都で唯一

図5　後鳥羽天皇像　水無瀬神宮蔵

の皇統となった後白河院の下で、幼くして正統な帝王の候補者として成長したのです。

元暦二年（一一八五）三月二十四日、平家が壇ノ浦で滅亡し、安徳天皇とともに三種の神器のうちの宝剣も海中に沈みます。三種の神器のうち、鏡と勾玉《まがたま》は京に戻りますが、後鳥羽が宝剣を手にすることはできず、このことを後鳥羽は後年まで気にしていました。

建久三年（一一九二）三月には、後白河院が死去し、上皇（院政）が不在となります。まだ十三歳の後鳥羽天皇が親政をしくこととなり、摂政九条兼実が実質的な政務を主導しました。

少・青年期——周囲の策謀と自立——

後白河の没後、ともに娘が後鳥羽と婚姻関係にある摂政九条兼実と源通親《みちちか》（藤原範子の夫）が競合していました。建久六年（一一九五）八月、九条兼実の娘任子（宜秋門院）が産んだのは女王（のちの春華門院昇子）でした。そして同年十一月、源通親の義理の娘在子（承明門院）が皇子（為仁。土御門天皇）を産みました。翌建久七年十一月、任子は後宮《こうきゅう》を追われ、父の九条兼実も関白を止められ失脚します。関白には近衛基通《もとみち》が就任し、九条家は数年間逼塞することとなりました。

建久九年正月、後鳥羽は、子の土御門天皇に譲位して、院政を開始します。この譲位は、土御門を庇護する源通親が主導したもので、当初は通親が権勢を振るいましたが、やがて後鳥羽の自発的な活動が目立つようになり、通親も後鳥羽を抑えられなくなります。建仁二年（一二〇二）十月に源通親《みちちか》が没すると、後鳥羽は誰に憚《はばか》ることもなくなりました。

摂関家に対しては、近衛家と九条家のバランスを取るようにつとめました。建仁二年十一月・十二月に近衛基通の藤氏長者・摂政を止め、左大臣九条良経《よしつね》を内覧・氏長者そして摂政としました。翌建仁三年三月には、基通男の右大臣近衛家実に一上宣旨《いちのかみせんじ》を下し、建永元年（一二〇六）三月に九条良経が頓死すると、近衛家実を後任の摂政としています。九条良経の頓死後も、良経男道家が昇進を重ね、承元三年（一二〇九）三月に妹の立子（のち東一条院）が順徳に入内し、建保六年（一二一八）に懐成《かねなり》（仲恭《ちゅうきょう》天皇）を儲けました。後鳥羽は、摂関家の近衛家と九条家の双方を並立させ、その上に君臨したのです（上横手 一九九一）。

図6 後鳥羽院周辺系図

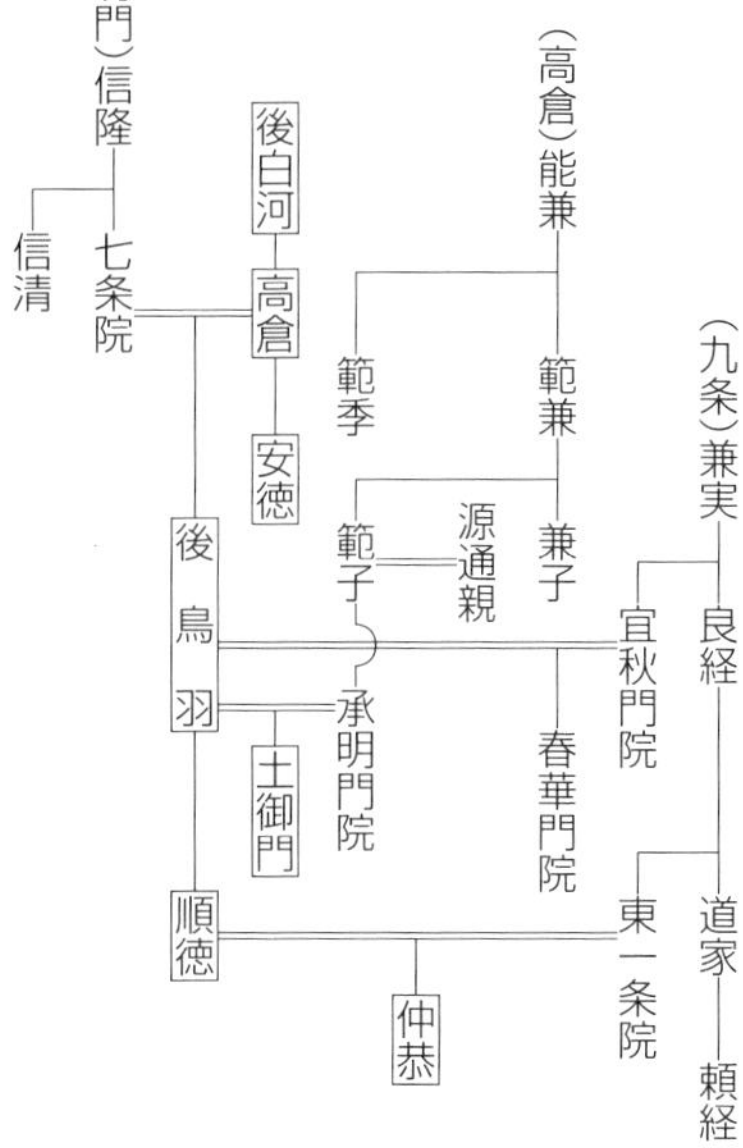

（注）系図の線と人名表記については図2の注を参照。

後鳥羽の政務を支えたのが、高倉家・坊門家の一族をはじめとする近臣でした。

青・壮年期の諸芸能への関心

後鳥羽はさまざまな芸能に関心を示しました。後鳥羽の子、順徳天皇が著した『禁秘抄《きんぴしょう》』は、天皇の心構えを記した書物で、「諸芸能事」という項目があります。そこには、「第一御学問也」、「第二管絃」とあります。また詩歌管弦ということばがありますが、詩とは漢詩、歌とは和歌、管弦とは楽器を指し、貴族社会の正統な芸能といえるでしょう。このいずれもを後鳥羽は体得しています。

和歌では、正治二年（一二〇〇）に「正治初度百首歌合」を主催したことをはじめ、建仁元年（一二〇一）に和歌所を設置して勅撰和歌集の編纂を命じ、みずからも撰歌にあたり、元久二年（一二〇五）に『新古今和歌集』が奏覧されました。和歌史上においても後鳥羽の時期は、万葉・古今に対比される新古今の歌風が成立した重要な時期と位置付けられています。

後鳥羽は漢詩文も愛好してたびたび作文会を開き、承元元年（一二〇七）十二月には「好文の世、已に近きか」（『明月記』十二月二十九日条）と言われています。建暦元年（一二一一）には紀伝道の菅原為長を従三位に叙しました。菅原氏で公卿に列したのは、三百年以上前の菅原道真以来のことです。

建暦年間（一二一一—一三）ころから後鳥羽の関心は、漢詩よりも有職故実や学問に移りました。習礼《しゅうらい》（儀式の予行演習）や竪義《りゅうぎ》（問答）をたびたび開催し、建保元年（一二一三）ころに儀式書『世《せ》俗《ぞく》浅《せん》深《しん》秘《ひ》抄《しょう》』を著しています。

楽器では、笛を天皇在位中に藤原実教《さねのり》から習って相当な腕前に達し、譲位後には琵琶を藤原定輔《さだすけ》から習い、元久二年に秘曲を伝授されています。

このほか、蹴鞠では承元二年（一二〇八）四月に蹴鞠長者の尊号を授与されたほか、読経・水練・鷹狩・競馬・相撲・笠懸などにも熱心で、多芸多能の帝王でした。後鳥羽の特色は、平安時代から正統と考えられていた芸能を複数、しかも高い水準で習得していたこと、それに加えて、さまざまな武芸や、蹴鞠・読経のような祖父後白河が開拓した新興芸能をも実践していたことです。後白河は異端・新興芸能への傾斜が顕著でしたが、後鳥羽は文化的正統に属しながら、異端・新興の芸能をも摂取していたのです（辻 二〇一七）。

武士への関心

後鳥羽は自ら武芸に取り組んだだけではなく、武士を軍事活動に動員したり、近侍者として組織することにも熱心でした。その背景には、宝剣なしで践祚したことへの劣等感があったようで、建暦二年（一二一二）五月には、藤原秀能《ひでよし ひでとう》を鎮西に派遣して宝剣を捜索させています。この劣等感を補うために、武芸を身につけ、武力を身辺に置こうとしたのでしょう。

後鳥羽は、正治二年（一二〇〇）京・畿内の鎌倉幕府御家人を動員して、近江の柏原弥三郎を追討したことを皮切りに、以後もたびたび京・畿内近国の盗人追捕《ついぶ》や南都北嶺の強訴《ごうそ》防禦、謀反人の追討に武士を動員しています（長村　二〇一五）。

白河院のときから「北面」という院の親衛隊的な組織があり、そこに武士も祗候《しこう》していましたが、後鳥羽は北面に加えて、建永元年（一二〇六）ころから武芸に堪能な者を集めて「西面」を組織します。

鎌倉幕府に対しても、建仁三年（一二〇三）九月、源頼朝の息子千幡に「実朝」という名を与え、征夷大将軍に補任しました。実朝は長ずるに従い、和歌や蹴鞠を好み、後鳥羽に対しても融和的な態度をしばしば示しました。後鳥羽もまた、実朝に右大臣という高い官位を与え、好意的に対応しました。この実朝が承久元年（一二一九）正月に甥公暁《くぎょう》に暗殺されると、幕府からは後鳥羽の皇子を次期鎌倉殿として下向させてほしいとの要望が届きましたが、後鳥羽はこれを拒絶します。結局、摂関家の九条道家の子頼経《よりつね》がわずか二歳で次期鎌倉殿として下向することとなりました。これ以後、幕府は実朝の母北条政子と執権北条義時が主導することとなりました。

後鳥羽が大内裏再建のために税金を徴収しようとしても、地頭が納入を拒否して執権北条義時が黙認したり、寵女亀菊に預けていた長江荘の地頭職停止を鎌倉に要求しても拒絶したりということが続き、後鳥羽は北条義時の排除を考えるようになります。

隠岐にて

承久三年（一二二一）五月、後鳥羽が北条義時追討命令を出すことで、承久の乱が勃発します。六月十三日・十四日には宇治川でも大規模な合戦がありました。しかし京方は合戦に敗れ、後鳥羽は隠岐に流されることとなりました。

我こそは　新島守《にいじまもり》よ　隠岐の海の　荒き波風　心して吹け

これは、罪人に等しい立場で都から遠く離れた島に来た後鳥羽が詠んだ和歌です。日本海は、特に冬には波が荒れる日も多いのですが、後鳥羽は、王者の風格を忘れず、自らを新たにやってきた島の主と位置付けて、沖と隠岐を掛けて、荒き波風よ心して吹けと、力強く呼び掛けるのです。

後鳥羽は現在の島根県隠岐郡海士《あま》町に行在所《あんざいしょ》を構えたと伝わっています。ここで後鳥羽は、『新古今和歌集』の改良を続け、約四百首を切り出した隠岐本『新古今和歌集』を京の藤原家隆に送りました。後鳥羽はその他にも『遠島百首』『詠五百首和歌』のような多数の和歌を詠み、『時代不同歌合』『遠島歌合』等を編んでいます。また和歌以外に、仏教の語り本である『無常講式』も著しました。大勢の近臣と同じ空間で芸能を楽しむという姿勢から、一人で内省的に和歌や念仏に取り組んでいた様子が窺えます。

後鳥羽は延応元年（一二三九）二月二十二日に隠岐で没し、遺骨は山城国大原に移されました。同年五月に顕徳院の諡《おくりな》が贈られましたが、顕徳院の怨霊が政治問題となり、仁治三年（一二四二）七月に後鳥羽院に改められました。

後世の後鳥羽評価

後鳥羽院は、自身が多様な芸能に取り組み、それを体得した帝王でした。しかし承久の乱で敗れたことで、後鳥羽だけではなく、公家政権全体の発言力が武家政権に対して低下しました。そうしたこともあって、後鳥羽の評価は同時代から毀誉褒貶《きよほうへん》の振れ幅が大きく、諸道興隆の聖主と高く評価するものと、不徳の帝王と低く評価するものの、大きく二つに分かれます。

すでに承久の乱以前から、後鳥羽院のもとで和歌所開闔として『新古今和歌集』編纂に携わった源家長（醍醐源氏）の和文日記『源家長日記』が、後鳥羽を諸道の振興を図り臣民の才を発掘・登用する君として賞讃しています。

さらに十四世紀の公家が著した『増鏡《ますかがみ》』第一〔おどろのした〕には、次のように記されています。

世治まり民安うして、あまねき御うつくしみの浪、秋津島の外まで流れ、しげき御恵み、筑波山のかげよりも深し。よろづの道々に明らけくおはしませば、国々に才ある人多く、昔に恥ぢぬ御世にぞ有ける。（中略）上のその道を得給へれば、下もおのづから時を知る習にや、男も女も、この御世にあたりて、よき歌よみ多く聞え侍りし中に（後略）

後鳥羽の時代を、世が治まり民が安心する時代だったとして、後鳥羽が「よろづの道」すなわち多様な専門分野を理解していたので、才能ある人がたくさんいたとするのです。承久の乱という一大事を除けば、それ以前の約五十年間に比して世が治まっていたのは事実です。またよい待遇を受けていた才能ある人がいたことも事実でしょう。しかし、特段の才のない人や、才があると自認しながらも後鳥羽の評価が得られない人からすれば、後鳥羽が才人・近臣を引き立てることに不平不満を覚えたに違いありません。

後鳥羽を批判する歴史叙述もあります。承久の乱直後の貞応年間（一二二二―二四）に、ある公家が著した『六代勝事記』には、次のように記されています。

隠岐院天皇は（中略）芸能二をまなぶなかに、文章に疎にして、弓馬に長じ給へり。国の老父、ひそかに文を左にし武を右にするに、帝徳のかけたるをうれふる事は、（中略）宮中にうゑてしぬる者おほかりき。そのきずとうゑとは世のいとふ所なれども、上のこのむに下のしたがふゆゑに、国のあやふからん事をかなしむなり。

さきに見たように後鳥羽は漢詩・和歌・学問にも熱心だったので、「文章に疎」というのは事実ではありませんが、「弓馬」に過度な関心を持ち、結果として承久の乱で大敗を喫したということを批判しているのでしょう。こうした批判的論調は、鎌倉末期ごろに原型が成立した流布本『承久記』や、南北朝期に北畠親房《ちかふさ》が著した『神《じん》皇正統記《のうしょうとうき》』にも継承されます。

ここで注目されるのは、後鳥羽に対する批判と賞賛が、ともに「上のこのむに下のしたがふ」という論理を用いてなされていることです。これは、琵琶を中心とする歴史物語で文永年間―弘安六年（一二六四―八三）ごろに文机房隆円《ぶんきぼうりゅうえん》が著した『文机談』巻第三に「かみのこのむ時しものしたがはざるみちなし。諸道の興廃はたゞときの君の諍謐也とぞ申める」とあるように、帝王自身の所作によって諸道の興隆が実現するという思想でしょう（辻　二〇一七）。その典拠は八世紀頃に編纂された、唐の太宗の言行録『貞観政要《じょうがんせいよう》』政体第二の「臣聞く、上の好む所、下必ずこれに従う」（原漢文）と考えられます。

みずから諸分野に長じ、承久の乱という日本史上の大事件を起こした後鳥羽は、その強烈な個性ゆえに正・負の多様な評価を伴い、乱後も記憶され続けたのです。

4　宇治の都市的発達と摂関家・院

院による京周辺都市の開発

平安時代後期〜鎌倉時代の京都を考える視角として、権門《けんもん》による京周縁地域の都市開発が注目されています。権門とは、権勢がある家のことで、具体的には天皇家・摂関家・平家などを指します。権門が開発した、宇治・鳥羽・白河・法住寺殿・六波羅といった拠点となる平安京周縁地域のことを「権門都市」と呼び、これら権門都市の創出と吸収を経て中世都市京都が成立するといわれています（美川　二〇一〇）。

そうした動向の初期に位置するのが、十二世紀前期に藤原忠実《ただざね》が開発を進めた宇治です。平等院に経蔵《きょうぞう》（宝蔵《ほうぞう》）が置かれていて、藤氏長者の宇治入りの際に内部を確認しました。

十二世紀前期には、白河院・鳥羽院が白河と鳥羽を開発しました。白河は、六勝寺が建立され、国家的法会が開催されるなど、宗教性の高い空間でした。それに対して鳥羽は、白河院・鳥羽院の墓地があり、家政の拠点という性格が強い空間でした。鳥羽には、牛馬や牧の管理の中核となる御厩や、勝光明院宝蔵もありました。勝光明院は保延二年（一一三六）に平等院を模して造られたものです（『中右記』三月二十三日）。

後白河院は、白河・鳥羽の路線を継承せず、法住寺殿を開発します。蓮華王院《れんげおういん》（三十三間堂）を建立し、そこに宝蔵を設置しました。また、自身と建春門院の墓も築きました。この地は、平家の六波羅と隣接していた点が注目されます。

後鳥羽院は、それ以前の院が開発した白河殿・鳥羽殿・法住寺殿のいずれもを維持しました。さらに、従来の院とは異なり、新たに水無瀬《みなせ》（大阪府三島郡島本町）を開発しました。

京周辺都市の開発という文脈でいえば、白河・鳥羽とは異なる後白河の政治姿勢、そして、彼等前代の院の都市を否定せず、しかし特定の院の路線を継承することもなかった後鳥羽の政治姿勢が見出せるでしょう。

宇治と摂関家

院とのかかわりは宇治にも見出せます。あらためて平安時代の宇治の都市的発展を確認しておきましょう。

藤原道長がのちに平等院となる別業を設け、道長の子孫のうち氏長者として平等院を管領した摂関家の代々が、特に宇治と深いかかわりを持ちました。長徳四年（九九八）十月、左大臣源重信の未亡人から藤原道長が宇治殿（宇治院）を購入し、別業としました。宇治殿を道長から相続した藤原頼通が永承七年（一〇五二）に同所を仏寺として平等院と号し、天喜元年（一〇五三）には阿弥陀堂の落慶供養を行い、頼通が没する延久六年（一〇七四）までに一門によって多くの堂塔が建立されます。

考古学的成果では、十一世紀後期から宇治の都市的整備が始まり、十二世紀までに段階的に発展して都市的景観を有するに至ったことが明らかとなり、その発展は藤原師実・忠実が主導したと考えられています（杉本 二〇〇五、浜中 二〇一〇）。

藤原忠実は、保安元年（一一二〇）十一月に白河院から内覧を停止されて宇治に籠居します（元木 二〇〇〇）。近年では、忠実の宇治在住はそこに住む四条宮寛子に奉仕するためであることや、白河が大治四年（一一二九）に没した後の忠実と鳥羽院との協調関係の中で、関係が悪化した息子忠通に対抗する目的もあって、忠実が家長として京都に在住する時期もあったことが指摘されています。そして頻繁に鳥羽院の宇治御幸が行われるのに対応して、家長の地位を退いた大殿忠実が院に奉仕するための拠点として宇治に在住したという見解が出されています（樋口 二〇一五）。

十二世紀以降、本来なら天皇に氷魚を貢献する宇治の贄人《にえひと》が、摂関家等の権門に兼属していることを示す史料が見えるようになるのも（網野 一九八四）、こうした摂関家による開発の結果でしょう。

宇治と院

保元の乱（一一五六年）で藤原忠実が失脚し、頼長が死去することで、摂関家の大殿や当主が宇治に常住することはなくなりました。ただし、これによってすぐに宇治が衰退したわけではなく、宇治の衰退は発掘調査により十三世紀前半期頃と考えられています（杉本　二〇〇五）。この時期差は、摂関家の後退に注目するだけでは解けませんが、院の動向から若干の推測を加えることが可能となります。

たとえば後白河院は、保元三年（一一五八）十月、仁安二年（一一六七）四月・五月・六月、治承二年（一一七八）十二月、治承三年五月に、宇治に御幸しています。また後鳥羽院は、建久九年（一一九八）七月、元久元年（一二〇四）六月・七月、元久二年七月に、宇治に御幸しています。多くの場合、忠実の子孫である近衛家・九条家の関係者が院を迎え入れる準備にあたっていたことが確認できます。

すなわち、保元の乱後から十三世紀前半までは、後白河院・後鳥羽院の主導の下で、院・摂関家が断続的に宇治に関与していたと考えられるのです。

元久元年に七月に後鳥羽が宇治に御幸した際、七月十二日・十三日には狩に出ています（『明月記』）。藤原定《さだ》家《いえ》の日記『明月記《めいげつき》』七月十四日条には次のようにあります。

院に参る。水練の為、川上に御す〈去十日又此の如し〉。諸人、裸形にて平等院の前庭に渡る。又裸の馬に乗る〈鞍を置かず〉。行列の体、密かに目を驚かす。大府卿（有家）と後戸方に隠れて伺見る。竊《ひそ》かに歎息すること夢の如し。冥鑑如何せん。（原漢文）

後鳥羽は水練のために去る十日と同様に川上におられた。諸人が裸で平等院の前の庭に入り、鞍を置かずに馬に乗っていたというのです。宇治で楽しそうに遊ぶ後鳥羽と近臣の声が聞こえてきそうです。

後鳥羽が赴かなくなってしばらくしてから、宇治も衰退したのでしょう。

4 その他の貴族の別業

従来、宇治の別業といえば、平安時代前中期の諸氏や、平安時代後期以降の院・摂関家のものが注目されてきましたが、それ以外で宇治に住んでいた貴族も複数いました。

鎌倉時代前期の宇治には、八条院西御方の母の宅があり、正治二年（一二〇〇）には八条院が御幸しています（『明月記』正月十二日条）。

後鳥羽は隠岐に流されてからも京の藤原家隆と和歌の交流を続けていましたが、この家隆の兄雅隆について、『明月記』建保元年（一二一三）九月四日条に、年六十七歳で出家して宇治の辺りに居住していることが記されています。百人一首で有名な平安初期の歌人喜撰《きせん》法師が「宇治山」に隠棲していたことや、『源氏物語』「橋姫」から「夢浮橋」までの宇治十帖が、源氏の弟八の宮の隠棲する宇治を舞台としていることを勘案すれば、雅隆も、京の政争・喧噪から少し離れた宇治で静かに余生を送ろうとしたのでしょう。

参考文献

網野善彦　一九八四「宇治川の網代」（同『日本中世の非農業民と天皇』岩波書店）
上横手雅敬　一九九一『鎌倉時代政治史研究』吉川弘文館
杉本　宏　二〇〇五「平安時代の宇治を発掘する」（『佛教藝術』二七九）
鈴木彰・樋口州男編　二〇〇九『後鳥羽院のすべて』新人物往来社
棚橋光男　二〇〇六『後白河法皇』（『講談社学術文庫』、初版一九九五年）
谷　昇　二〇〇九『後鳥羽院政の展開と儀礼』思文閣出版
辻　浩和　二〇一七『中世の〈遊女〉』京都大学学術出版会
長村祥知　二〇〇七「『明月記』の宇治関係史料―鎌倉前期における―」（『紫苑』五）

長村祥知　二〇一五『中世公武関係と承久の乱』吉川弘文館
浜中邦弘　二〇一〇「宇治と藤原摂関家」（増渕徹編『史跡で読む日本の歴史五　平安の都市と文化』吉川弘文館）
樋口健太郎　二〇一五「大殿忠実と宇治」（『鳳翔学叢』一一）
美川　圭　二〇一〇「院政期の京都と白河・鳥羽」（西山良平・鈴木久男編『古代の都三　恒久の都　平安京』吉川弘文館）
美川　圭　二〇一五『後白河天皇』ミネルヴァ書房
目崎徳衛　二〇〇一『史伝後鳥羽院』吉川弘文館
元木泰雄　二〇〇〇『藤原忠実』（『人物叢書』）、吉川弘文館

III

『源氏物語』の文化史

一　道々の細工

都市の寵児たち

五島邦治

1　五十日の餅

平安京の公設市場

『源氏物語』「宿木」の巻に、薫の君が、中君が匂《におう》の宮との間に生んだ若君の五十日目のお祝いのために、お膳の食器類を調《ととの》えさせる場面があります。

宮のわかぎみの五十日になり給ふ日、かぞへとりて、その餅《もちひ》のいそぎを心にいれて、籠物《こもの》・檜破子《ひわりご》などまでみいれ給ひつつ、世のつねのなべてにはあらずとおぼしこころざして、沈《ぢん》、紫檀《したん》、銀、黄金など、道道の細工ども、いとおほく召しさぶらはせ給へば、われ劣らじと、さまざまのことどもをしいづめり。

薫の君はこのお祝いのために、日数を数えながら、用いる「籠物・檜破子」といったささいな籠や檜製の器などに至るまで指図するのですが、とりわけ儀式に用いるのに主となる食器類については、「沈、紫檀、銀、黄金」などを素材とするそれぞれの技能に通じた職人を召し寄せたので、職人たちも他人には負けまいと技術を競い、優れた器具を作り出した、というのです。

誕生してから五十日目と百日目には、平安京の市から、餅を誕生からの日数の数だけ買ってきて、膳を調え、赤子に食べさせて成長を祈る行事がありました。これをそれぞれの日数にちなんで「五十日《いか》の餅《もちい》」とか「百日《ももか》の餅《もちい》」といいます。『河海抄《かかいしょう》』所引の『村上天皇御記』天暦四年（九五〇）八月二十五日条に「世俗之例により、御餅を供す」（本文中に引く漢文は読み下し文に直しました。以下同じです）とありますから、もともと民間の行事

図１　五十日の餅（「紫式部日記絵巻」五島本第二段より，五島美術館蔵）

図２　市の様子（「扇面法華経冊子」模本，東京国立博物館蔵，Image: TNM Image Archives）

であったのを貴族社会でもとり入れたのでしょう。

平安京の左右京の七条辺にはそれぞれ東市と西市という公設市場があって、市司《いちのつかさ》という役所の支配下に、商品ごとの鄽《いちくら》という倉庫が設けられていました。鄽の前には商品名の書かれた標札が立てられ、市人《いちびと》（正確には市籍人）という公的な商人がいて、商品の値段を決め、物価調節を兼ねて商品を交易していました。市女《いちめ》ということばもありますから、女性の市人もいました。令の規定によると、鄽での売買には男女の同席を許さないとあるので、商品の種類によって市人が男性か女性か決まっていたことになります。たとえば絹の鄽の市人は女性（市女）に決まっていました。鄽はどちらかというと大量の商品を交易し、流通させることに重点があったようで、わたしたちの考えるように、さまざまなお店が立ち並ぶ商店街で、日常の必需品を購入したり、掘り出し物を物色したり、ウィンドウショッピングを楽しんだり、といった買い方をするところではなかったようです。各鄽の商品名のなまえは『延喜式』に載っていますが、その中に「餅」のなまえはありません。おそらく米や麦といった穀物は、鄽で扱われるのでしょうが、それを加工して食品となった餅などはここでは売られないのでしょう。

外町の賑わい

ではどこで餅は売られていたのでしょう。この市司と鄽のある一町四方の区画の周辺に市人の私的な居住地域があって、これを外町といいます。外町では市人が街路に面して棚（店）を設け、さまざまな種類の商品を置いて直接販売したようです。四天王寺所蔵の「扇面法華経冊子《せんめんほけきょうさつし》」の下絵には、こうした街路に面して直接ものを売っている棚のようすが描かれたものがあります。『大和物語』には、光孝天皇（在位八八四―八八七）の女御班子《にょうご》女王が多くの女房を召し連れてたびたび牛車で市に出かけたことが述べられていますので、平安時代も比較的早くから外町が発展し、多くの人で賑わったことが想像できます。五十日や百日の餅はおそらくここで買われたもので「市餅《いちのもちい》」といいます。市のような多くの人が交わる場所は、特殊な霊力の備わるところと考えられていたために、ここで買う餅が赤子の健全な成長のために供されたのでしょう。

安徳天皇のときの五十日餅

内大臣藤原（中山）忠親《ただちか》の日記『山槐記《さんかいき》』治承三年（一一七九）正月六日条には、言仁《ときひと》親王（のちの安徳天皇）の五十日の餅の祝いのようすが詳細に記されています。いろいろな忌み日が重なって、実際に儀式が行われたのは、誕生から五十五日目でしたので、日数分の五十五個の餅が買われました。

儀式では、銀盤一枚の上に買ってきた市餅が盛られ、その前に柳箸《やなぎばし》と匕《ひ》つまり匙《さじ》、それに「摩粉木《すりこぎ》」を載せた台が置かれ、それらはいっしょに中盤に据えられます。餅は一個をさらに五十粒ほどに小さくちぎって銀碗に入れます。漿煎（たれ汁）の入った銀の銚子（柄のついた注ぎ口のある器）を持ち出し、漿煎を銀碗の中に注ぎ入れ、摩粉木で餅と合わせます。その餅を赤子に食べさせるのです（実際は食べさせる格好をするのでしょう）。市町に祀られる市姫社の前で、餅を供えて祝詞をあげたり、平安末期の五十日の餅の祝いはかなり形式的になっていますが、元来はほんとうに街路に面した棚で売っている餅を買ってきて、赤子に食べさせるだけの素朴なものであったでしょう。

食器も、貴族社会では、餅を盛る銀盤、餅をちぎって入れる銀碗、漿煎の入った銀銚子、そのほかに柳箸・匕・摩粉木を載せた箸台、それらを据える銀盤、膳等々、豪華な食器・膳が用いられています。『源氏物語』には「沈、紫檀、銀、黄金」とありますが、『山槐記』では銀器が目立つようです。そうした食器・道具類については、『源氏物語』によると「道道の細工」といわれるような多くの工人をわざわざ召し集めて、この日の目的のために一から作らせた、というのですから、なんとも贅を尽くしたものです。

2 『今昔物語集』に登場する銀鍛冶

銀鍛冶の延正

『今昔物語集』巻第二十八第十三話には、花山法皇（九六八―一〇〇八）のときの話として、銀鍛冶の延正というものの話がみえます。

銀の鍛冶延正、蒙花山院の勘当語

今は昔、銀《しろがね》の鍛冶に□の延正と云う者有けり。延利が父、惟明が祖父なり。其の延正を召して、庁に被下《くだされ》にけり。尚妬《ねた》く思食《おぼしめし》ければ、「吉《よ》く誡《いましめ》よ」と仰せ給て、庁に大きなる壺の有けるに、水を一物入れて、其れに延正を入れて、頸許《ばかり》を指出して被置《おかれ》たりけり。十一月の事なれば、篩《ふる》ひ迷ふ事無限《かぎりな》し。

漸く夜深更《ふく》る程に、延正が音《こえ》の有る限り挙て叫ぶ。庁は院の御《おはし》ます御所に糸《いと》近かりければ、此奴《このやっこ》が叫ぶ音、現《あら》はに聞こえけり。延正叫々《さけびさけび》て云ふなる様、「世の人努々《ゆめゆめ》、穴賢《あなかしこ》、大汶《だいもん》法皇の御辺に不参入《さんにゅうす》な。糸《いと》悲く難堪《たえがた》き事也けり。只下衆《げす》下衆にて可有《あるべ》き也けり。此事聞持《ききたも》てや。をゐ」す叫びけるを、院聞し食《めし》て、「此奴、痛う申したり。物云ひにこそ有けれ」と被仰《おほせら》れて、忽《たちまち》に召し出して、禄を給ひてにけり。

然《しか》れば「延正、本より物云ひ也ければ、物云ひの徳見たる者かな」とぞ人云ける。「鍛冶の徳に□目を見て、物云ひの徳にて被免《ゆるさる》る奴かな」とぞ、上下の人云けるとなむ語り伝へたると也。

何の咎《とが》なのかはわからないのですが、銀鍛冶の延正というものが、花山法皇のお怒りを蒙って牢舎に入れられました。法皇の怒りはよほど大きかったのでしょう、牢に収監するだけでは収まらず、きつく戒めよと仰って、検非違使庁舎にあった大きな壺に水をいっぱいたたえて、その中に延正を首だけ出して入れ、そのまま放置しました。十一月のことで水は冷たく、延正は寒さで身も震え悶えるばかりです。夜更けになって延正は「世間の皆さん、たいへん恐れ多いことですが、あの大馬鹿者の法皇の近くにはけっして参ってはなりませんぞ。こんなにひどい目に会います。ただ身分の低い立場のままが一番よい」と、声のかぎり叫びます。延正の戒められている検非違使庁舎と院の御所はほど近い距離だったので、その声は法皇の耳にもはっきりと聞こえます。法皇はこれを聞いて、「こやつ、なんと痛いことを言う。口のたつ奴だ。」と仰ってすぐに召し出して解放し、褒美を賜いました。それで、みなは「延正はもとから口のたつ奴で、その口達者の徳でいい目をみた」といい、「鍛冶の徳で辛い目を蒙り、口達者の徳でその辛い刑罰を許された奴だ」と世間の評判になった、といい伝えた、というのです。

この銀の鍛冶師延正は、延利の父、惟明の祖父だというのですから、彼のあとも代々銀細工師を継いだ、世間では比較的よく知られた一族だったことが推測されます。実際、彼は歴史的に実在したことがわかる人物です。『小右記《しょうゆうき》』寛和元年（九八五）二月七日条に、

召銀鍛冶延正、令打銀器、

とあって、この日記を記した右大臣藤原実資《さねすけ》はこの銀鍛冶延正を召して銀器を打たせています。『源氏物語』にもあったように、銀器を必要とする貴族のほうが、細工師を召して作らせるのです。銀細工師が自身の工房をもっていて注文を受けたり、貴族が仕上がった製品を銀細工師から購入する、というようなことはふつうはなかったようです。

銀鍛冶の安高と菊武

『小右記』には、ほかにも安高と菊武という銀鍛冶が登場します。たとえば、万寿元年（一〇二五）十二月十二日条には、

銀鍛冶左兵衛府安高給禄〔絹二疋・手作布五端〕菊武〔一疋・三端〕、件二人一日令給小米、良明宿祢給三疋、時々来口入者也、（〔 〕内は割注、以下同じ。）

とあって、左兵衛府安高と菊武が絹などの褒美を賜っているのですが、それは明らかに実資邸での銀鍛冶としての奉仕にたいする報償であったでしょう。安高は秦氏で左兵衛府の下級官人、菊武の方は身分はわかりませんが、その後も長元四年（一〇三一）三月十一日から十九日までの間、同様に実資に召されて提銚などを打っています。

作物所預の宇治宿祢良明

安高と菊武が報償を受けたとき、同時に良明宿祢というものに絹三疋を賜わっています。この人物は姓を宇治宿祢といい、『小右記』によると賜った理由は、彼は「時々来たりて口入する者」であって、そのために実資は特別の計らいをしたのだといいます。彼の経歴をみてみると、官途としては内蔵属《くらのさかん》から中宮属、内蔵允《じょう》を経歴していますが、実際は作物所預として、内裏や高家の御物や車の調進などに携わり、細工（職人）を統括しコーディネートするような立場にあったことがうかがえます。たとえば『小右記』長和元年（一〇一二）九月二日条には次のような記事があります。

作物所預内蔵允宇治良明、主基方御物事預仕者也、而被召御斎会行事所、進周忌仏具勘文、神事・仏事相並奉仕如何、

つまり、作物所預内蔵允宇治良明が、即位礼に伴う大嘗祭《だいじょうさい》の主基《すき》方の御物の調進に奉仕していたのですが、同時に大極殿で衆僧によって金光明経《こんこうみょうきょう》を講ぜられる正月の法会である御斎会《みさいえ》の行事所にも召されて仏具調進にかかわり、神事・仏事ともに奉仕することが問題になっています。宇治良明はこうした諸行事の室礼や諸道具の調製・準備について、それを監修・企画する役目を担っており、その意味で朝廷や貴族にとってきわめて重宝な人物であったわけです。

そこで先の『小右記』万寿元年十二月十二日条の、安高と菊武が報償を受けたとき、同時に宇治良明にも褒美が与えられた理由を考えてみると、良明が実資の求めに応じ作物所預としてその配下にあった細工の安高と菊武を実資に世話したのか、あるいは預を経験して培った人間関係を通じて彼らを世話したのか、といったところでしょう（「口入」というのはそうした間をとりもったという意味でしょう）。これを逆に秦安高や菊武の銀鍛冶の立場からいうと、彼らはふだんは衛府官人（兵衛府）などの身分をもちながら、宇治良明が管掌する作物所に勤めたり、または作物所となんらかの関係をもってその周辺で仕事をしていた、ということになります。

図３　金峯山寺経筒（藤原道長埋納）　金峯山寺蔵

寛弘四年（一〇〇七）、藤原道長は吉野の金峯山《きんぷせん》に参詣し、みずから書写した法華経等の経典を経筒《きょうづつ》に納めて、阿弥陀の極楽浄土への往生を願い、未来に来たるべき弥勒菩薩を供養するために、経塚を作り、これを地中に埋めました。その経筒が、元禄四年（一六九一）に金峯山山頂の蔵王権現湧出岩付近の地中から、中に納められた紺紙金泥字の経紙とともに発見され、現在まで残っているのはきわめて有名な話です。その経筒は銅板製の円筒型で金メッキが施され、周囲に五百字ほどの埋経の趣意を述べた銘文が刻まれています。大型で厚い金メッキといい、均斉のとれた形といい、王朝文化を代表する優品といえます。

その経筒の底面に「伴信明」の銘が彫られ、これがこの経筒の作者の銅細工のなまえだと考えられています。そしてその横に別に「良明」というなまえが彫られているのですが、わたしはこの「良明」は先の宇治良明だと考えています。経筒そのものの監修をしたのが宇治良明で、その配下の伴信明が実際に製作した、というふうに考えたいと思います。

銀鍛冶の延正や秦安高、菊武といった人々は貴族社会では欠くことのできない特殊な技術をもった人々でした。また技術そのものだけではなく、専門的な企画知識をもった人物もてはやされました。貴族はそうした人々を「異能」とよんでいます。都市社会にあっては、こうしたいわゆる「異能」とよばれる特殊な才能こそが、上流貴族に重宝がられ、立身するきっかけともなりえたのです。

3　作物所に奉仕する「道々細工」

行事所における道々細工

「宿木」の「道道の細工ども」は、たしかにこれ自体は「それぞれ専門の細工師たち」「さまざまの多くの細工師たち」といった意味合いの普通名詞ですが、ことばの使い方はかなり常套的な（慣用的な）用法です。次の記事は『中右記』嘉保二年（一〇九五）四月十四日条です。

次参行事所、催明日行幸事、今日稲荷祭也、仍道々細工頗有懈怠、終日廻催、

この日、伊勢神宮の遷宮《せんぐう》に伴う神宝の調進のため、その奉行に当たっていた記主の藤原宗忠は、作業所である「行事所」に赴いたのですが、「道々細工」が「頗る懈怠《けたい》（怠けること）」していて誰も来ていなかった、といいます。その理由というのが、この日は稲荷祭であったから、というのです。つまり、「道々細工」は稲荷祭のほうへ行ってしまって「行事所」の方には来なかったのです。そこで宗忠は「終日、催しを廻らした」、つまり一日中人を遣って催促したというのです。

また次の『民経記《みんけいき》』寛喜三年（一二三一）十月七日条の記事も、伊勢神宮遷宮に伴う神宝の造替に関するものです。

次著行事所、於庭上必有手水、毎事催行、御矢・御鋳剱・御平緒・御鏡等所拝見也、道々御細工等遅々、奇恠々々、殊可責催之由所加下知也、神服事、殊所催促女工所也、良久祇候、張行、

藤原宗忠の場合と同様に、記主の藤原経光が伊勢神宮神宝造作の行事所に赴いて、作業の進捗状況を監察しています。経光は、できあがった神宝の矢・鋳剱《かざたち》・平緒《ひらお》・鏡等を拝見しています。「道々細工」の仕事が遅れている（遅々）ので、これを「奇恠」なこととして催促させています。とくに「神服」については、「女工所」に催促したというのですから、装束の仕立てはもっぱら女性の担当で、女性の職人がいる工房もあったことがわかります。

伊勢神宮だけでなく、奈良の春日大社、京都の上下賀茂神社などの大神社では、一定の期間ごとに社殿の造替が行われ、中に祀られている神さまを仮殿から新造した社殿に移してお祀りする遷宮が行われます。それは本殿だけでなく、拝殿や門などの周辺の殿舎にも及びますし、神さまの分身ともいうべき鏡や玉、着用する装束や冠・笏、櫛のほか、剣や弓矢といった身に付ける装具、櫛や紅・白粉などの化粧品、屏風・棚・硯箱といった調度品、琵琶・琴・笛などの楽器等にいたるまで造り替えられることになります。平安時代のものが現存する春日

図４　金地螺鈿毛抜形太刀　春日大社蔵

大社本宮・若宮の古神宝類では、螺鈿《らでん》や玉を散りばめた太刀拵《こしら》え、流水文様の蒔絵《まきえ》が施された箏《そう》など、きらびやかな工芸の粋を今に伝えています。そうしてこうした工芸品を製作するのはもっぱら京都の細工たちで、その作業場が先の史料に出てくる「行事所」というわけです。

神輿を造る細工たち

また「道々細工」と同じように使われていることばに「道々輩」という用語もあります。『公衡公記《きんひらこうき》』の正和四年（一三一五）四月二十五日条に、延暦寺膝下にある近江国の日吉七社の神輿七基が造替され、そのそれぞれの神輿について工芸の種類と担当した職人の名が交名《きょうみょう》（リスト）としてあげられているところがあります。七基の神輿すべてにわたる長いものですので、ここでは最初の大宮神輿の分だけを引用しましょう。

一、道々輩交名、

大宮

番匠〔国弘〕、漆工〔清光〕、蒔絵師〔仏成〕、

銅細工〔禅覚〕、打物師〔同〕、鋳物師〔観法〕、

鏡造〔願正〕、鍛冶〔西蓮〕、平文師〔光阿〕、

玉造〔守清〕、貝摺〔安弘〕、錦織〔教願、但於御帳・浜床・御茵者為唐物〕、

綾織〔同〕、両面織〔宗延〕、繍師〔阿念〕、
組師〔蓮心〕、平緒〔組命婦〕、大刀造〔禅覚〕、
木道、茜染〔西願〕、紅染〔四条〕、
紺掻〔尼蓮心〕、大鼓張〔為直〕、甲造〔延元〕、
乱緒造〔光寂〕、師子舞〔大頭行次、小頭貞幸〕、油単師〔正智〕、
轆轤師、打殿、障子張、
冠師〔守行〕、木仏師〔三条法印朝円・法眼性慶〕、絵師〔隆兼〕、
女工所、御細工〔僧定快〕、畳差〔久吉〕、

まず何よりも、一基の神輿を造るのに、いかに多くの職人がかかわっているのかに驚かされます。最初になまえのあがる「番匠」はいわゆる大工で、神輿の本体になる社殿木部本体を造るのでしょう。そのあと、「漆工」や「蒔絵師」がいて漆が塗られ、さらに「銅細工」「打物師」「鋳物師」といった人々によって金具が打たれます。「鏡造」は鏡を造る職人で、そうしてできた鏡は神輿の四面に懸けられます。「鍛冶」は鉄を鍛える金属工で、「平文師」は漆の紋様をデザインする人、「玉造」は玉を磨き、「貝摺」は貝に紋様を彫り漆を塗って磨きます。「錦織」は織物師ですが、神輿の中の神の御座の上に敷かれる茵《しとね》や御座の周囲を覆う御帳を織ります。「綾織」「両面織」「繍師」「組師」「平緒」はいずれも染織関係の細工で、神さまの装束を造るのでしょう。「大刀造」は刀剣に鞘や金具を装具して太刀にする細工でしょうが、神輿のどの部分に必要なのかはいまひとつわかりません。神輿に乗る神さまのための御料なのかもしれません。「木道《このみち》」には具体的な職人の名がありませんが、目的に適した用材の材質と良否を見究める職掌です。「茜染」「紅染」「紺掻《こんかき》」はいずれも染め物師、「甲造」「乱緒造」は、おそらく神輿に従う随身の着用する鎧甲の甲と「乱緒《みだれお》」、すなわち特殊なわらじでしょう。

「師子舞」も神輿に従う獅子舞の獅子頭を造る職人をいい、「大頭」と「小頭」のそれぞれの職人の名を記しています。「油単《ゆたん》師《し》」の「油単」は油を染みこませた布で（紙の場合もある）、雨や湿気を防ぐために神輿に懸けるのでしょう。「轆轤《ろくろ》師《し》」は木地や陶器を整形する轆轤を使う職人ですが、おそらく木地の瓶などを造るのだと思います。「打殿《うちどの》」は綾や絹などを砧で打って柔らかくする職掌で、神服にかかわるものでしょう。「障子張」は神輿の内装で障子を貼る職、「冠師」は冠を造る職人、「木仏師」は木を彫る職人ですから、本来は仏像や神像を造るのでしょうが、ここでは神輿を装飾する蛙股《かえるまた》や欄間《らんま》などの彫り物を造るのでしょう。「絵師」は神輿の内側の腰板に絵を描く絵師でしょう。「女工所」は先にもありましたが、装束を仕立てる工房をいうのだと考えられます。「御細工」は神輿内装にかかわる建具や調度などの装飾にかかわる職人でしょうか。最後の「畳差」は神輿の中の神さまの御座の畳を調進するのだと思います。

ひとつの神輿を造りあげるのにいかに多くの職人と工房が関与したかがわかります。僧俗、男女を交えながら職人の数は三十一人、工房や職掌だけあげるものが五件にのぼります。特徴的なのは番匠→漆工→蒔絵師→銅細工→打物師、あるいは茜染・紅染・紺掻（紺染）→錦織・綾織・繡師→組師→平緒・女工所（仕立て）、といったように、製作工程中のそれぞれで、個別の職掌と職人名があげられ、ひとつの品物が多くの職人によって細かく分業されながら次々と送られ完成されていく、ということです。そうしたまさに「道々の細工」とよばれるのにふさわしい多くの職人が、一つ所に集められ、遷宮のための神宝製作や神輿の造替に従事したことがわかります。

4　稲荷旅所焼亡事件

稲荷祭のおこり

先の『中右記』嘉保二年（一〇九五）四月十四日条ですが、「道々細工」が稲荷祭のために「頗る懈怠」したというのは、稲荷祭へ遊びに行って行事所のほうはサボタージュしたと、一応は読めるのですが、それにしても記主の宗忠は、稲荷祭にはあまり関心があるようにはみえません。よそごとのようです。わたしは、「道々細工」が稲荷祭に出かけたのはもう少し違った意味があると考えています。

そのことを考える前に、まず稲荷祭の歴史としくみについて説明しましょう。

稲荷祭は現在も京都市伏見区に所在する伏見稲荷大社の祭礼ですが、本社の鎮座地は平安京からみると、鴨川を隔ててその東南のはるか郊外に位置します。稲荷神はもともと平安京ができる以前にこの地に蟠踞《ばんきょ》した秦氏が祀った農耕神ですが、平安京が成立してからは平安京南部の住民の信仰を得るようになります。それは京内には祀るべき社がなかったためだと考えられます。三月中午の日に、京中にある八条坊門猪熊の上中社旅所と、七条油小路の下社旅所の二ヶ所の旅所に稲荷の神々が分かれて神幸し、二十日間の駐留ののち四月上卯日に還幸します。たとえば平安中期の学者で文筆家である藤原明衡《あきひら》（九八九―一〇六六）の著した『新猿楽記《しんさるがくき》』で、金集百成《かなずめのももなり》が一族を連れて祭礼見物に出かけるのはこの京中の旅所という設定になっています。現在でも東寺の東に旅所があり、四月の終わりに五基の神輿がここに渡御《とぎょ》し、五月のはじめに本社に帰って行きます。

この稲荷祭のはじまりについては、『弘法大師行状記』などに空海の伝説として語られています。すなわち、空海は紀伊の田辺で稲を荷なった異相の老翁に会い、空海が京都に東寺を賜わった折は必ず来たって守護することを約束します。これが実は稲荷の神で、「稲荷明神の契約」といわれています。そののちはたして、弘仁十四年（八二三）四月、東寺南門に先の老翁が一家を引き連れて現われ、東寺の住持となった空海に厚く饗応されます。空海は近所の柴守長者に命じてその二階家に稲荷の神一行を泊めさせますが、それを由緒として柴守長者の二階家を旅所とし、柴守長者の子孫を旅所神主として祭礼がはじめられたといいます。現在でも、稲荷祭の還幸の際には、神輿が東寺慶賀門前に駐まり、東寺の僧侶によって御膳が供えられます。

「七条村民」による祭礼関与

そのふたつの旅所のうち上中社旅所が、嘉禄二年（一二二六）二月に、放火によって焼失するという大事件が起こりました。『百錬抄《ひやくれんしょう》』と『明月記《めいげつき》』に事件が記されるのですが、ここでは内容の詳細な藤原定家《さだいえ》の日記『明月記』嘉禄二年二月二十五日条を少していねいにみてみましょう。原文には次のようにあります。

稲荷旅所神主〔本是自本社被補之〕、七条村民之所補云々、自忠綱時細工所沙汰補之、〔一度〕、以之為例、自後院細工所補之、左相府之時、耽任料毎年改之、〔或一年二人補之云々〕、而今春得替之男、其心嗷々不拘制法、不可去職由対捍之間、自使庁追之、追入其社内、奉抱神御体〔自垂跡未造改之〕、縦火焼死、垂跡之地已為火葬之所云々、稲荷祭可被行歟事未定云々、

おおよその内容は以下のようなものです。

「稲荷旅所神主」はもともと本社から任じられていたが、のち「七条村民」の任じるところとなった。ところが、忠綱のときに「細工所沙汰」として任じられることになったのを例として、以後「後院細工所」が任じるようになり、「左府（左大臣・徳大寺公継）」のときには、任料を目的として毎年のように旅所神主を改任することとなった。ひどいときは一年に二人が任じられたこともあったという。

そこで今春解任された者が、その心傲慢で制法に拘わらず神主職を退かない旨、強く拒んだために、検非違使から追われ、旅所内に追い入れられ、「神御体」を抱き奉ったまま（垂迹以来造り改めたことがないという）、みずから火をつけて焼死してしまった。「垂跡之地」はそのまま火葬の場所になったという。稲荷祭が行われるかどうかについては未定だという。

まず興味深いのは、市中の旅所には、稲荷祭の期間以外でも「神御体」（御神体）が祀られていて、しかもそれが「垂迹《すいじゃく》以来（降臨された当時から）」のものであったという伝承があったことです（後段）。放火事件があったのは稲荷祭の期間外ですので、「神御体」は稲荷明神ではありません。旅所の創始にかかわる先の柴森長者か何かの神像なのでしょう。さらに前段には、旅所神主（本社とは別に旅所専属の神主がいたということです）の補《ぶ》任《にん》権（任免権）の推移が記されています。それによると、もともとは本社から任じられていたということですが、これは形式的な建前をいっている可能性があります。次に「七条村民」が任じるところとなったといいます。「七条」は稲荷旅所の所在する平安京南部をいうのでしょう。しかしここにはいわゆる農耕に従事するような村落はありませんから、「村民」といいながら、実際は別の都市的な生業をもつ新興住民であったはずです。

その新興住民の性格のヒントとなるのは、次の、忠綱のときからは「細工所沙汰」として一度任じられ、以後はそれを例として「後院細工所」が任じるようになった、という記述です。後院というのは、譲位した上皇のための御所として、平常から準備してある施設（殿舎）のことです（すなわち上皇が居住した場合は仙洞《せんとう》御所とよばれることになる）。つまり「後院細工所」というのは後院に付属する工房です。ここで考えられるのは、「七条村民」といわれるような平安京南部の新興都市民の実態は細工人であって、そうした人々が雇われ、実際に仕事をする場所が「後院細工所」であって、やがて彼らのもっていた旅所神主の任免権がその上部組織である「後院細工所」に（実質的にはその長官である「忠綱」や「左府」に）吸い上げられた、ということだと思います。

5 七条界隈と「道々細工」

七条辺の金属工

平安京南部の七条近辺という地域は、金属工を中心とする職人たちが集住する場所であったことが史料からうかがえます。たとえば『新猿楽記』で、稲荷旅所へ一家で見物に出かけた金集百成は、架空の人物ではありますが、右馬寮の史生で七条以南の保長であり、かつ「鍛冶・鋳物師・并銀金ノ細工」という設定でした。また『今昔物語集』には「七条ノ辺ニ有ケル薄《はく》打ツ者」（巻二十ノ六話）、『宇治拾遺物語』にも「七条町に江冠者が家のおほ東にある鋳物師」（巻一の五）といったように、七条界隈には鍛冶・鋳物師・薄（箔）師・金銀細工師などの金属を扱う職人が居住したことがみえます。

近年、この付近では数ヶ所で、発掘調査が行われています。たとえば七条大路よりはやや南側の、左京八条三坊二町の地区（現京都市下京区塩小路烏丸西入北側）からは、刀装具の鋳型や坩堝《るつぼ》などが出土して金属を扱う手工業者が居住した事実を裏づけています。

七条大路北の大宮大路・堀川小路間には、はじめの五十日の餅のところで述べたように、公設市場ともいうべき東市があって、その周辺には市での商売に従事する市人とか市女とよばれる商人が住んでおり、その経済力を誇っていました。十二世紀後半の制作と考えられる「病草紙《やまいのそうし》」という絵巻は、さまざまな病の人々が描かれるのですが、その中に「肥満の女」という場面があって、その説明に「彼女は七条わたりに住む借上（金融業者）で、裕福なために太ってしまったのだ」と記されています。また鎌倉時代に下がりますが、文暦元年（一二三四）八月三日には七条烏丸辺で火災があり、多くの人家が焼失して「土倉員数を知らず。商賈充満し、海内の財

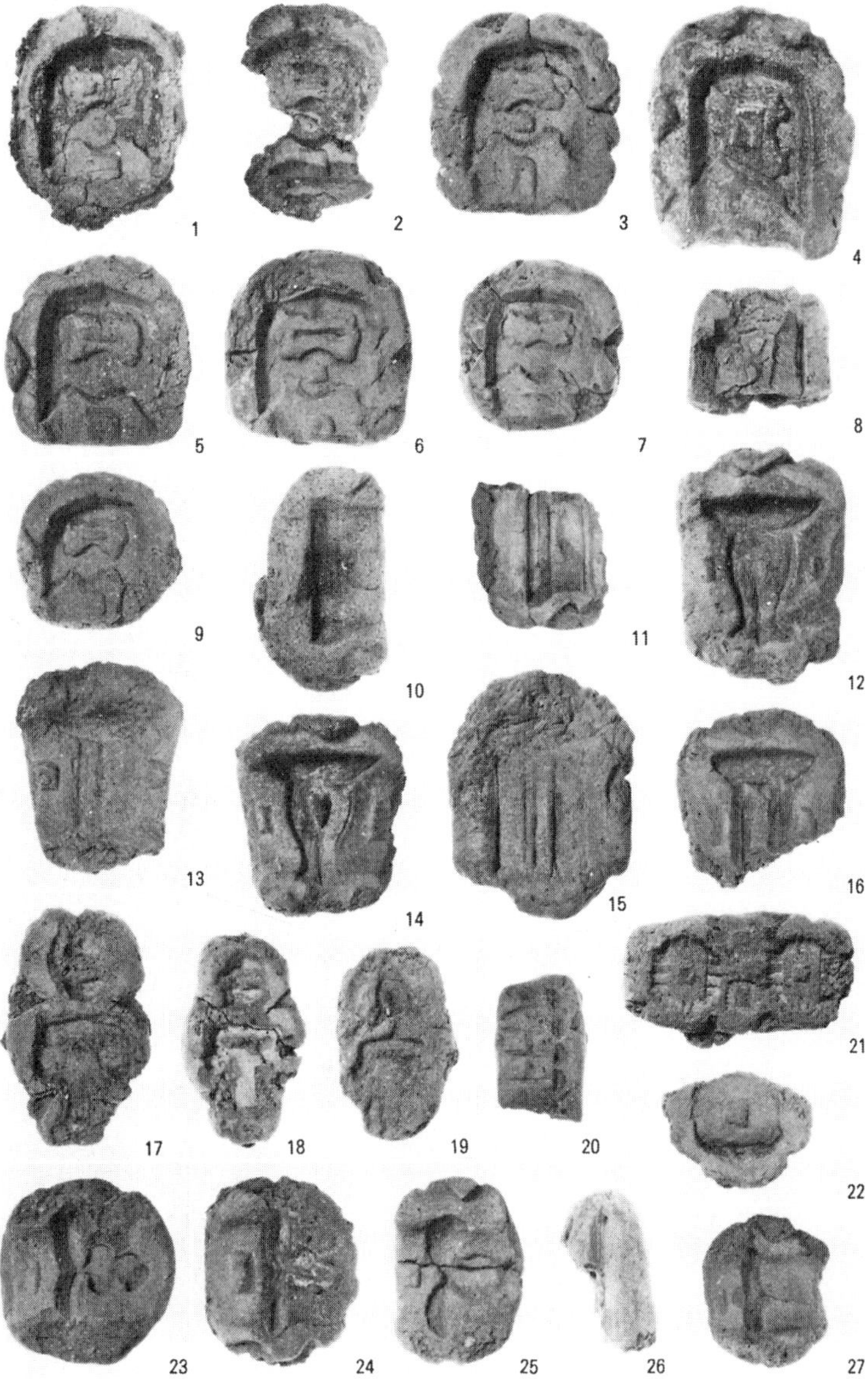

図５　刀装具鋳型　古代学協会『平安京左京八条三坊二町』（『平安京跡研究調査報告』六、1983年）より

貨ただその所にありと云々」（金融業者が数多くあって、商人が充満し、この世の財宝はこの所に集中している）といわれています（『明月記』同日条）。そうした市の経済力と相俟って、金属工を中心とする富裕な職人たちの経済力もまた見過ごせないぐらいに大きなものとなっていたはずです。

嘉禄二年の稲荷旅所焼亡事件に関して、『明月記』のいう「七条村民」とはそんな七条界隈に居住する金属工を中心とする細工たちで、彼らはやがて「後院細工所」といった権力者の工房に収束するのでしょう。そしてその彼ら自身が稲荷旅所神主の任命に関わったということ、もう少し敷衍的にいえば稲荷祭を実施する組織に積極的な関係をもっていた、ということになります。

祭礼を主催した人々

南北朝期の動乱期に政治の要職を歴任した洞院公賢《とういんきんかた》の日記『園太暦《えんたいりゃく》』の観応三年九月九日条は、直接的には清章というものの稲荷旅所神主職の任命にかかわる記事ですが、その中で嘉禎二年（一二三六）四月の後院二階政所神主職補任状を引いています。稲荷旅所焼亡事件があって、ちょうど十年後のことになります。

　後院━━《欠》

補任　稲荷━━《欠》階政所神主職事、

右職者、則経重代所職也、而去承久二年則文・則宗訴論之時、言上子細、預院宣・法家勘状畢、且任七条━━《欠》等署判、為相伝之職、改則用并吉弘、於自今以後者、以所被補任彼職也、向後更不可有他妨之状如件、

　　嘉禎弐年四月日

　別当散位藤原朝臣　判

一部文字が省略してあって（「━━《欠》」とある部分）、読みにくいのですが、冒頭は「後院細工所」と推測でき、

次の「〜〜《欠》」のところは「二（階）」とあったのでしょう。つまり後院細工所が「稲荷二階政所神主」（稲荷旅所神主のこと）を補任（任命）したときの任命状です。前例に従い、かつ「七条〜〜等署判」に任せ、相伝の職として則用・吉弘一族の任用を止め、則経を旅所神主にするとあります。最後の「七条〜〜等署判」のところは「七条在地人」とか「七条近在人」といった文句が入っていたはずで、要するに「七条村民」と同じような意味です。つまり後院細工所が稲荷旅所神主を任じるようになってからでも、やはり七条の在地の有力者（おそらく細工たち）の署判による推挙が必要だったのです。

図６　稲荷祭の神輿

先の『中右記』嘉保二年（一〇九五）四月十四日条の、「今日稲荷祭也、よって道々細工頗る懈怠あり」という最初の記事に戻りますが、伊勢神宮神宝造替の行事所に道々の細工が来なかったのは、細工たちが稲荷祭に遊びに行ってサボったのではなく、むしろ彼らこそ稲荷祭を主催する実質的な主体であった、とみるべきでしょう。行事所の担当者として彼らを監督する立場にある藤原宗忠にしてみれば、細工たちが行事所に来ず、仕事をしなかったこと自体が問題で、そうした細工たちの行為は「懈怠」つまり怠けている、と映ったのだと思います。

『源氏物語』「宿木」の巻の五十日の餅の場面は、儀式のために道々の細工を召し、用いる食器・道具類まで贅をこらして造らせたという、豪華絢爛さと美しさを強調する場面です。細工たちは特殊な技能をもち、貴族たちに驚きのきらびやかさをもたらす特別の存在でした。そうした彼らを貴族は「異能」とよんで重宝したことは先に述べたとおりです。細工たちはいわば時代の寵児でした。そうした彼らを物語の中に登場させることは、場面の絢爛さと、もしかするとそれを準備した薫の誠意を表現することになったかもしれません。作者の紫式部がそれをどこまで意識していたかはわかりませんが、描かれる「道々の細工」の表面的な技術の確かさとその作品の美しさとの背景には、彼ら細工たちが堅実な社会生活を送り、主体的に祭礼を行うだけの組織力と社会基盤をもっていたことを忘れてはなりません。

参考文献

五島邦治　二〇〇四『京都町共同体成立史の研究』岩田書院
近藤喜博　一九五八「稲荷旅所とその伝承―稲荷信仰の研究（三）―」（『国学院雑誌』五九―七）
戸田芳実　一九七六「王朝都市と荘園体制」（岩波講座『日本歴史』四、岩波書店）
奈良国立博物館　一九七七『経塚遺宝』東京美術
平安博物館考古学第三研究室　一九八三『平安京左京八条三坊二町』（『平安京跡研究調査報告』六）、古代学協会
伏見稲荷大社　二〇一五『伏見稲荷大社　稲荷祭神輿』伏見稲荷大社

二　六条院にみる平安時代の庭園の四季

高橋知奈津

1　平安貴族の理想郷・六条院の庭園

平安貴族と庭園

本章では、まず『源氏物語』に描かれた六条院を通して、平安時代の庭園の四季をみていきます。つづいて、平安貴族はいかなる方法で自然の風景を味わい、庭園に表現したのかということを、貴族の遊覧と文芸、山里をキーワードに考えます。最後に、実在した四方四季の庭、高陽院《かやのいん》について、発掘調査の成果などを交えながら紹介します。

「胡蝶」巻に描かれた春の六条院

さっそく「胡蝶」の巻に描かれた六条院の春の町の風景を題材に、平安貴族の理想郷、六条院の庭園を見ていきましょう。

竜頭鷁首《りゅうとうげきしゅ》を唐の装いにことごとしゅうしつらいて楫とりの棹さす童、みな角髪結いて唐土だたせて、さる大

きなる池の中にさし出でたれば、まことの知らぬ国に来たらむ心地して、あわれにおもしろく、見ならはぬ女房などは思ふ

［訳］竜頭鷁首の船を唐風に派手に飾りつけ、楫をとり棹をさす女童はみな角髪を結い、唐風の装束に仕立て、さしも大きな池の中に漕ぎ出したのだから、まことに未知の外国に来ているような気持ちになって、感に堪えずすばらしいことと、まだこちらを見たことのない女房などは思っている

これは旧暦の三月二十日に光源氏が春の町で船楽《ふながく》の催し（船で雅楽などを演奏する船遊び）を行った場面です。船首に竜頭をつけた船と、鷁首をつけた船（鷁は想像上の水鳥）が異国の雰囲気で、春の町のことを知らない人たちは、別世界のようだと感動しています。続いて、

中島の入江の岩蔭にさし寄せて見れば、はかなき石のたたずまいも、ただ絵に描いたらむようなり。こなたかなた霞あいたる梢ども、錦を引きわたせるに、御前の方ははるばると見やられて、色を増したる柳枝を垂れたる、花もえもいわぬ匂いを散らしたり、

［訳］船を中島の入江の岩陰に漕ぎ寄せてあたりを見ると、さりげない立石の風情もまるで絵に描いたようである。あちらこちら一帯に霞のかかっている木々の梢も錦を引きわたしたように見えるが、お庭前のほうは遠くまでずっと眺めがきいて、緑の増した柳が垂れ、花はまたえもいわれぬいいにおいをただよわせている

絵に描いたように美しい、錦を引いたように、花もえもいわぬ匂いである、と非常に褒めたたえています。きわめつきは、「他所には盛り過ぎたる桜も、今は盛りに」と、旧暦三月二十日ころには咲いてない桜も咲いている、奇跡のような花々の盛りが描かれています。実際にはありえないような美しい景色が展開する場面です。

さらにこの後にも大陸の故事や文学などさまざまな平安時代の教養が折り込まれて、その美しさをたたえる場面が続きます。こうした教養、好み、周辺文化などを庭園の風景の中に見出し、イメージを膨らませて褒めたた

えている情景です。

2 『源氏物語』六条院の庭園――「少女」巻より――

「胡蝶」の巻には理想郷としての六条院が描かれますが、「少女」の巻にはより具体的な描写があり、六条院造営の経緯が書かれます。

六条院造営の経緯

大殿、静かなる御住まいを同じくは広く見どころありて、ここかしこにておぼつかなき山里人などをも集え住ませんの御心にて六条京極のわたりに中宮の御旧き宮のほとりを四町を占めて造らせたまう

［訳］源氏の大臣は、閑静なお住まいを、それも同じことなら土地も広く見た目も立派に造営して、ここかしこと離れていてなかなか逢えない山里人などをも、集めて住まわせようとのおつもりから、六条京極のあたり、梅壺中宮の旧邸の周辺に、四町と用地に占めて新邸をお造りになる

まず静かなところがいいとあります。静かなところとは、六条京極のあたりです。平安時代に邸宅が集中したのは、だいたい左京の北寄りの方でしたから、左京の南の方や右京は静かでいいだろうというのです。広さは四町とあります。平安京は碁盤目状に道が通り、それぞれ区画された四角い敷地を一町と呼びます。一町は一二〇メートル四方、その四つ分の広さです。

ところでこの六条京極には、のちに六条院に住まう秋好《あきこのむ》中宮が母六条御息所から受け継いだ邸宅がありました。その邸宅にもともとある庭園を再利用、拡張してつくることで、縁もあり、より見所のある庭園になる。そういう立地が選ばれているのです。

「おぼつかなき山里人」は現在、明石の君と解釈されています。明石から京都に来た明石の君は、洛中（京都の中心部）には住まずに山里にある大堰邸に住んでいました。明石の君のように心細く住んでいる女性たちをここに住まわせようという動機が書かれています。

六条院の位置

六条院の場所はどこに想定されるのでしょうか。想定される場所は平安時代前期に河原院（嵯峨天皇の皇子源融）の邸宅があったところです。大きさが四町あることから、河原院が六条院のモデルになったとの説もあります。おそらく紫式部がそれを意識して、ここを六条院に設定したのだろうと考えられます。

ここで平安時代の郊外をみてみましょう（図1）。京都盆地の中央に平安京があり、郊外には離宮や貴族の別業が営まれて、郊外遊覧の拠点、引退後の居所となっていました。これらの場所は文学の中では「山里」という名で登場します。たとえば北側にある嵯峨野、桂、大原、小野、東山の方にある白川、粟田、そして宇治などです。ここで貴族たちは文化活動を行っていました。平安時代前期、貴族や王族は仕事の際にすぐ集まれるよう、住む場所を制限されていましたから、自然に触れたいときは、日帰りできる距離にある周辺の山里へ出かけていました。

寝殿造について

ここで平安時代の貴族邸宅である寝殿造をみてみましょう。寝殿造は書院造とともに伝統的な日本の住宅の二大様式として知られています。間仕切りが少なく開放的で、書院造のように接客空間が独立していないという特徴があります。図1のような配置を想定する場合には、だいたい一町四方の敷地を基本として考えられています。

周囲は築地という土塀で囲まれ、中央に寝殿、その両脇に東の対と西の対という建物が左右対称にあり、それ

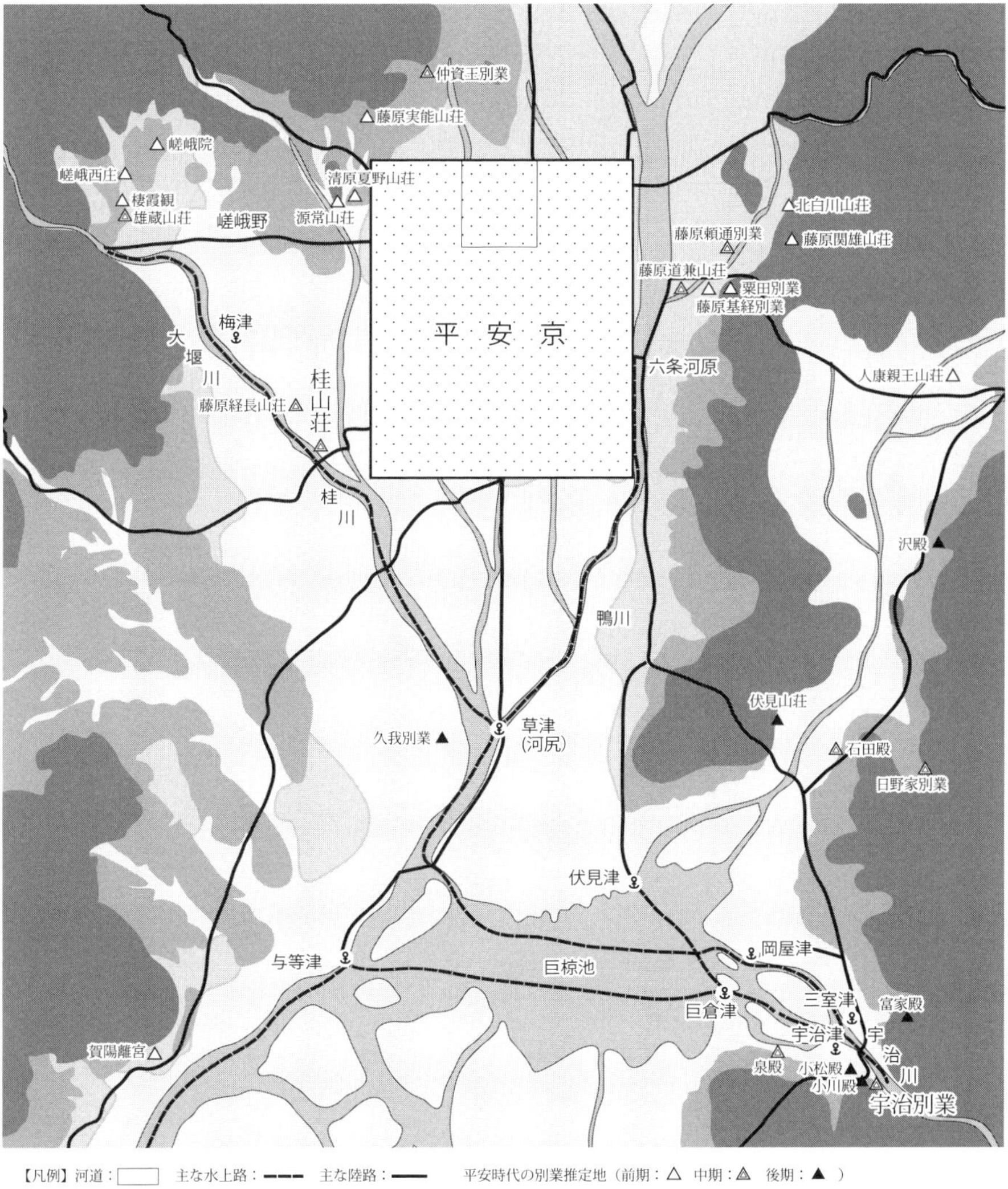

【凡例】河道：□　主な水上路：━ ━ ━　主な陸路：━━　　平安時代の別業推定地（前期：△　中期：◬　後期：▲　）

本図は、巨椋池から宇治周辺については参考①、それ以外の地形や河道は参考②、古道は参考③を、別業位置は参考④を基に作成したものである。

参考①「宇治と平安京を結ぶ道」（宇治市歴史資料館『平安時代の宇治　王朝の語り部たち』1990、p 10）

参考②「京都盆地北部の地形環境」（京都市企画、村井康彦編『よみがえる平安京』淡交社、1995、p 11）

参考③「第２図（京外）」（社団法人紫式部顕彰会「京都源氏物語地図」思文閣出版、2007）

参考④藤本孝一他「第五章　離宮と別業」（角田文衛総監修『平安京提要』角川書店、1994）

図１　平安時代の別業地

図２　東三条殿の模型　京都文化博物館蔵

が渡殿《わたどの》（渡り廊下）でつながれています（近年の建築史の研究では、必ずしも左右対称ではないとされています）。

平安京の邸宅のうち代表的なのが、東三条殿（図２）です。藤原良房《よしふさ》の邸宅に始まるといわれ、最終的には藤原氏の氏の長者が相続しました。史料が豊富なこともあり、建物や庭園について非常に精巧な復元研究がなされています。

『作庭記』

平安時代の貴族邸宅の造園について記した『作庭記《さくていき》』の中に、寝殿造にともなう庭園のつくり方が細かく書かれています。

殿舎をつくるとき、その荘厳のために、山をつきし、これも祇薗図経にみえたり。

池をほり石をたてん所にハ、先地形をミたて、たよりにしたがひて、池のすがたをほり、嶋々をつくり、池へいる水落ならびに池のしりをいだすべき方角を、さだむべき也。南庭をおく事は、階隠の外のハしらより、池の汀にいたるまで六七丈、若内裏儀式ならば、八九丈にもをよぶべし。礼拝事用意あるべきゆへ也。但一町の家の南面に、いけをほらんに、庭を八九丈をかバ、池の心いくバくならざん歟。よく〳〵用意あるべし。堂社などに八四五丈も難あるべからず。

建物をつくる時に荘厳のために造営する庭について、次のように書かれています。①地形の状態・状況に応じてどこに池を掘るか決める、②島々をつくって池の導水、排水の方角を決める、③南庭を置くには、階隠《はしかくし》（神殿の階段につくる庇《ひさし》）の柱から池に至るまでを六、七条（約二〇メートル）とること。④もし内裏であれば儀式に使う空間なので、八、九条（約二五メートル）ぐらいは必要である。⑤ただし一町四方しかない家の庭を八、九条もの大きさにしてしまうと、池の見栄えが悪くなるので注意すべきである。かなり実用的な数字が記されています。

六条院の配置と構成

つづいて六条院の完成までをみていきましょう。

八月にぞ、六条院造りはてて渡りたまう。未申の町は中宮の御古宮なれば、やがておはしますべし。辰巳は、殿のおはすべき町なり。丑寅は、東の院に住みたまふ対の御方、戌亥の町は明石の御方と思しおきてさせたまへり。もとありける池山をも、便なき所なるをば崩しかえて、水のおもむき、山のおきてをあらためて、さまざまに御方々の御願いの心ばえを造らせたまへり（「少女」の巻）

［訳］八月には、六条院の造営が終わってお引き移りになる。西南の町は、もともと梅壺中宮の伝領されたお邸なので、そのまま中宮がお住まいになるはずである。東南は、大臣のお住まいになるべき町である。東北は二条院の東の院の対の御方、西北は明石の御方とお定めおきになった。もとからあった池や山なども、具合の悪い所にあるのは崩して位置を移し、水の流れや山のたたずまいを改めて、四つの町それぞれに住む御方々のご希望にそうような風趣をお凝らしになった

六条院の大体の配置について最初に説明をしています。未申（南西）の町は、先述の通り、六条御息所の邸宅を伝領した御旧宮なので、それを引き継いで秋好中宮の邸宅にしました。辰巳（東南）は光源氏と紫の上がいる町、丑寅（北東）は花散里《はなちるさと》が住み、戌亥（北西）には明石の君が住むと書かれています。

もともとあった、つまり六条御息所の邸宅にあった池山は、都合が悪い所を崩し、水の流れや山のたたずまいを改修して、それぞれの町に住む女房の希望、好みにあわせて造りました。この六条院完成の段から六条院の配置や建物の並びを復元的に考えるわけですが、研究者の間でさまざまな説が出されています。

建物などの配置については、代表的な玉上琢彌氏、池浩三氏の説をはじめ多くの説が存在します。根拠が物語に書かれている情報だけであるため、描かれていない部分は想像になること、また本文の解釈によって、いくつも選択肢があり、ひとつに定まらないことなどが理由としてあげられます。

四方四季の庭

六条院はいま見たように、四つの町それぞれに季節、女性が配置され、これを「四方四季の庭」と呼びます。「四方四季」はどのような発想で生まれ、光源氏にとってどのような意味をもつのでしょうか。竜宮伝説に由来するという説、仙郷を表現しているとする説、仏国土、極楽の世界を表現しているとする説など、文学の研究者を中心にさまざまな説が出されていますが、共通して言えるのは理想郷、ひとつのユートピアを表現しているということでしょう。

また、光源氏にとっての六条院の意味については、配置から内裏との共通性を見出す説があります。光源氏自身は政治の中心にいませんでしたが、自分が自由にできる内裏のようなものとして表現しているのではないか、さらに配置の共通性から、そのまま内裏を映しているのではないかという説もあります。

図3　六条院の模型　宇治市源氏物語ミュージアム蔵

次に四季の配置を見てみます（図3）。右下が春、左下が秋、右上が夏で、左上が冬です。この四季の置き方にはどのような意味があるのでしょうか。方位に関する意味と女性の性格やその後の運命を暗示しているとする説をはじめ、諸説あって結論づけるのは難しいですが、さまざまな推測をして意味を探る楽しみが、この庭にはあります。

模型（図3）を見ると、春の町と秋の町の池が大きくつながっています。これは先に見た「胡蝶」の巻、秋の池から春の町に女房が船に乗ってやってきたという記述から、池がつながっていると考えたものです。いっぽう、冬の町は池がありません。夏と冬の町を見ると、春秋の立派さとは異なり地味な印象があります。これはその町に住む女性の身分に関係があるのではないかといわれています。

「四方四季の庭」の意匠

具体的な意匠を見てみましょう。東南は春で紫の上。西南は秋で秋好中宮。東北は夏で花散里。西北は冬で明石の君が住んでいます。

『源氏物語』本文、春の町の描写です。

南の東は山高く、春の花の木、数を尽くして植え、池のさまおもしろくすぐれて、御前近き前栽、五葉、紅梅、桜、藤、山吹、岩躑躅《つつじ》などやうの春のもてあそびをわざとは植えで、秋の前栽をばむらむらほのかにまぜたり。（「少女」の巻）

［訳］東南の邸は山を高く築いて、春の花の木を、あらゆる種類を集めて植え、池の風情もおもしろく格別であって、御前に近い前栽には、五葉、紅梅、桜、藤、山吹、岩つつじなどといったような、春に鑑賞する木草だけを特に植えることはしないで、そこに秋の草木の植込みを一むらずつ、さりげなく混ぜてある

春の花を中心に植えつつ、秋の前栽を混ぜています。春だけを主張せずに、秋に対する配慮が感じられますが、これは秋好中宮に対する配慮ではないかと考えられます。通常、庭園を作る時には、特定の季節だけに見所がある作り方はしないと考えられますので、そういった現実的な問題なのか、それとも何か「秋」に関しての暗示なのでしょうか。

次に秋です。

中宮の御町をば、もとの山に、紅葉の色濃かるべき植木どもを植え、泉の水遠くすまし、遣水《やりみず》の音まさるべき巌たて加へ、滝落として、秋の野を遥かに作りたる、そのころにあひて、盛りに咲き乱れたり。嵯峨の大堰のわたりの野山むとくにけおされたる秋なり。

［訳］中宮のお住まいは、もとからある築山に、紅葉の色があざやかになるような木々を植えて、きれいな泉水をはるかかなたに流し、遣水の音がさらに冴えるべく岩を立て加え、滝を落として、秋の野のさまを広々と造ってある、それがちょうどこの季節を迎えて、今を盛りと秋草が咲き乱れている。さしもの嵯峨の大堰あたりの野山の秋色といえども、この庭には見るかげもなく圧し消たれる今年の秋である

「そのころにあひて」というのは、ちょうどこの引越しの時が秋だということです。山里にある嵯峨の大堰は

秋の風景で有名な場所ですが、そこよりも立派だと言っています。表にあげた庭園意匠は、「元の山、紅葉、泉、遣水、滝、秋の野」です。

続いて夏です。

北の東は、涼しげなる泉ありて、夏の蔭によれり。前近き前栽、呉竹、下風涼しかるべく、木高き森のやうなる木ども木深くおもしろく、山里めきて、卯花の垣根ことさらにしわたして、昔おぼゆる花橘、撫子《なでしこ》、薔薇《ばら》、くたになどやうの花のくさぐさを植えて、春秋の木草、その中にうちまぜたり。東面は、分けて馬場殿つくり、埒結《らち》いて、五月の御遊び所にて、水のほとりに菖蒲《しょうぶ》植えしげらせて、むかひに御厩《みまや》して、世になき上馬どもをととのへ立てさせたまへり。

〔訳〕北東のお住まいは、いかにも涼しそうな泉があって、夏の木陰を主として造っている。御前に近い前栽は、呉竹を下風が涼しく吹き通うように植えて、高い木が森のように重なり茂っていて興趣があり、山里といった風情があり、卯の花の垣根をわざわざめぐらし作って、昔をしのばせる花橘、撫子、薔薇、くたになどといった花をいろいろ植えて、春と秋との木や草をその中に所どころ混ぜてある。その東面には敷地の一部をさいて馬場殿を建て、垣を設けて、五月の競馬などの折の遊び所として、水辺には菖蒲を植え茂らせて、その対岸には厩舎を建て、またとないすぐれた馬を何頭も用意してつながせていらっしゃる

ここでも春秋の木草を混ぜていて、季節を越えた何かがあるようです。

最後に冬です。

西の町は北面築きわけて、御倉町なり。隔ての垣に松の木しげく、雪をもてあそばんたよりによせたり。冬のはじめの朝霜むすぶべき菊の籬《まがき》、我は顔なる柞原《ははそはら》、をさをさ名も知らぬ深山木どもの木深きなどを移し植えたり。

図４　光源氏を彷彿とさせる人物と桜（「扇面古写経」模本，東京国立博物館蔵，Image: TNM Image Archives）

〔訳〕西北のお住まいは、北正面の敷地を築地で分けて、御倉を建て並べた町としてある。くぎりの垣には松の木を多く茂らせて、雪景色を鑑賞するのに都合よく造ってある。冬のはじめに、朝霜が結んで美しさを増すであろう菊の籬、得意顔に色づいている柞の原、また、あまり名も知られぬ深山木などの深々とした感じのものを移し植えてある

冬の敷地は北側に倉があって春秋にくらべると狭く、菊が咲いていないときは、常緑樹と落葉樹しかないようなストイックな場所です。

このような四季のあり方と、庭園の意匠として選ばれている植物などを、文学研究者の倉田実氏は、『古今和歌集』の中で詠まれているような季節感やモチーフ、「古今的季節感」と呼んでいます。

ところで「少女」の巻、六条院完成の後には、秋好中宮と紫の上による有名な「春秋優劣論」のくだりがあります。夏と冬は争いにも入れない、つまり春と秋が圧倒的に人気だったのですね。『古今和歌集』などにも、春と秋の歌の方が多数収められています。伝統的な季節感、自然の風景に対する考え方が、この中で表現されていると言えるでしょう。

ここまであげた庭園の意匠を写真や絵などで見ていきましょう。

春の町の意匠

まずは春の町です。花といえば桜です。「扇面古写経《せんめんこしゃきょう》」（図４）を見ると、光源氏を彷彿とさせる人物が描かれ、花びらが舞う、非常に美しい風景が描かれています。まさに春と秋で争うような時に、桜は春を代表する花なのです。桜と秋の紅葉で「花紅葉」という言い方もします。季節ごとの美しい景物全体を総称していうような場合に使います。季節感を表す代表的なものが、桜、そして紅葉なのです。

仙洞《せんとう》御所には、州浜《すはま》という池の護岸にこぶし大ぐらいの石を隙間なく並べ、海浜の風景を表現しています。そこにも桜があります。

図５　遣水（「年中行事絵巻」より，個人蔵）

秋の町の意匠

次に秋の意匠です。秋の野とは、ススキの風景のイメージではないかと思います。泉や遣水という水の風景が描写されていますが、紅葉が落ちて錦のように流れていく、という風景が好まれました。嵯峨院の跡、大覚寺の北方にある名古曽《なこそ》滝が有名です。藤原公任《きんとう》が嵯峨院を偲んで、「滝の糸は絶えて久しくなりぬれど　名こそ流れてなお聞えけれ」と詠んだ有名な滝です。発掘調査でこの滝石組は後世（中世）のものであることがわかりました。滝石組の前を遣水が流れ、その中では平安時代の遺構も確認されましたので、おそらく平安時代のものを中世に改築・改修したというのが現状なのではないかと考えています。

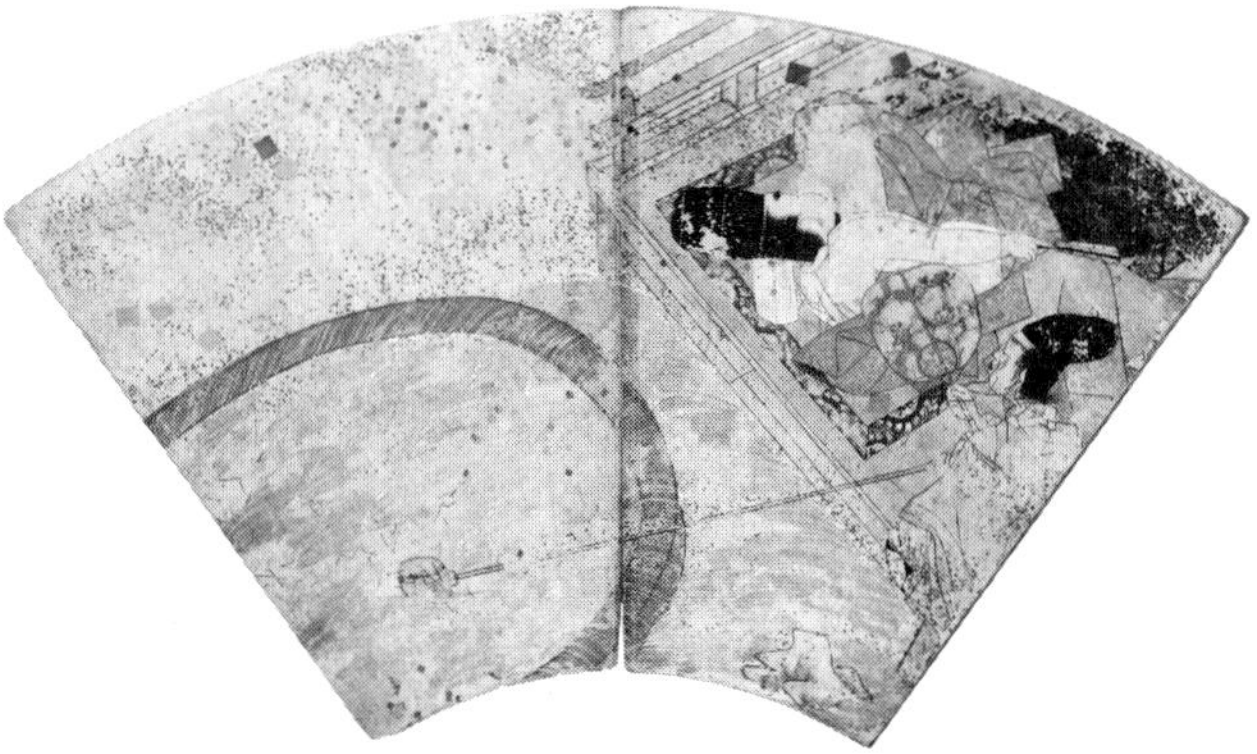

図６　ごろ寝する人物と泉・団扇（「扇面古写経」，東京国立博物館蔵，Image: TNM Image Archives）

それほど高い滝ではありません。もちろん平安京の中で滝を作るとしても、そこまで高低差がないため低い滝しか作ることができません。いわゆる瀬落ち、石を水が超えるようなイメージではないかと思います。滝は音を楽しむものだったと考えられます。

遣水は「年中行事絵巻」に描かれたものを参考に見てみます（図5）。透渡殿《すきわたどの》の下を、ぐねぐねと南へ流れ、池まで通じる様子が絵巻などに描かれています。山から海に向かう川の景色を和らげて表現していると考えられます。こういったところに自然の風景を手本にするということが見えてくるのです。

たとえば、発掘調査された岩手平泉《ひらいずみ》・毛越寺《もうつうじ》庭園の遣水は、現在整備されていて、見ることができます。平安時代の代表的な鑓水の遺構です。周りの地形が高くなっていて、本当に山の中から流れてくるような様子が見て取れます。これも自然を手本としたものです。

夏の町の意匠

次は夏です。卯花、薔薇、橘、菖蒲、破竹などがあげられます。当時から薔薇があったようです。薔薇の季節は夏です。

ふたたび「扇面古写経」を見てみます（図6）。建物の縁にごろ寝している人が見えます。真夏でしょうか。暑いから脱いで、うちわのようなものであおがれている。そして、井筒からこんこんと水が溢れ出す様子が描かれ、大きなひしゃくが添えられていますが、平安京の貴族の邸宅の中では泉が沸き、近くに建物を設けて涼をとっていたということがわかっています。こういったものが寝殿造庭園の水源になっていたのです。

また卯花の生垣は、本文で「山里めきて」と書かれていたように、山里らしいものと捉えられていました。

冬の町の意匠

そして冬です。先ほどは非常に地味に思われましたが、そんなことはありませんでした。それは雪が降ることを前提としていたからです。雪が降ると、そのコントラストが非常に美しいです。また冬の町は広場、平らなところが多く見えますが、雪を鑑賞する時は平らな面に降り、誰も足あとをつけていない雪を見るという鑑賞の仕方がありました。そのためのストイックな仕様だったのです。

3　平安時代の自然享受——庭園と山里——

藤原道長の桂への遊覧

平安時代の貴族が郊外の自然を楽しむ様子を、藤原道長の遊覧を例に見ていきましょう。

道長は平安京の桂川のほとりに建つ桂山荘と、宇治別業（のちに平等院になる建物）、二つの別荘を持っていました。記録を見ると、政治的に重要な時期に出かけることが多かったようです。なにか政治的な意図があったのではとも考えられます。

長保元年（九九九）、道長が野望《やぼう》をします。藤原公任や藤原行成《ゆきなり》など歌人、文化人を引き連れて、嵯峨院（大覚寺の滝殿）に行きました。ここで、「名こそ流れてなお聞こえけれ」と往時をしのび、つづいて栖霞観《せいかかん》（現在の清涼寺）を訪れたのち、大堰の河畔で和歌の題が出されました。名所で紅葉を見物し、自分の中でいろいろ解釈をして、その感動を和歌にして表現するのです。

嵯峨野の風景の模型を見ると、まさに野という感じです。その中に、大覚寺や栖霞観など建物があるところをポイントとして寄りながら、遊覧をしました。

それ以外にも、春には嵯峨野にある雲林院《うりんいん》で花見をしたのち、桂山荘に移動をして上げ鞠や文化活動をして、饗宴をする。また別の時には、まず紅葉見物をして嵯峨野に入り、大堰川を船で下って、船中で宴会をしたり、和歌を考えたりして、桂山荘に到着するとそれを披露することもありました。

桂川は河道が移動しています。桂山荘はのちに桂離宮として引き継がれたといわれ、桂離宮は現在、川に対して西側にありますが、考証によると、当時の桂山荘は川の東側にあったのではないかと考えられています。

宇治への遊覧

辰の刻（朝の八時くらい）に集合し、平安宮から賀茂川尻まで来て、船に乗りました。その後、船で巨椋池《おぐら》を通り、宇治に到着したのは夜の八時ですので、かなり長い間船に乗っていたようです。船中では管絃、和歌、巨椋池では漢詩の題が出されて、宇治別業に着いたら漢詩を考える詩会が行われます。そしてここに宿泊して、翌日同じように帰っていくという行程でした。

宇治の場合は桂と違い、宿泊して詩会をするのが、道長の恒例でした。この巨椋池の中を船で遊びながら、景色を見て楽しんでいたことがわかります。

先述のように、宇治別業は藤原頼通の時代に平等院となります。当初の建物の遺構が発掘調査で見つかり、史料でもその間取りがわかっていますが、おもしろいことに、釣殿を設けて宇治川にさしかけています。つまりこの川をも庭園のように見立て、そこに設けた釣殿で景観を見ていたのです。やはり山里の中と、庭園の鑑賞には、何か重なるものがあるということを考えさせてくれる一つの事例です。

さて、道長はどのような時に遊覧に出かけたのでしょうか。ある時は大雪が降ったので、山里へ行ってよい雪を見ようと出かけています。また、庭の桜を見ているとき、山里に行けばもっとたくさん良い桜が見られるのではと思い立ち、出かけたりもしています。ここにも庭の中と山里のつながりを感じます。

歌語「山里」の変遷

つぎに、山里がその当時どのような空間として考えられていたのか、文学の先行研究から紹介します。「山里」という空間の名称は、歌語、つまり和歌集で用いられる用語でもあります。和歌集を見ると、平安初期の段階では、山里とはとても寂しい山奥の地と描かれているようです。「山里は冬ぞ寂しさまさりける人目も草もかれぬと思へば」（『古今和歌集』巻第六・冬歌、三一五番）という歌にもあるように、まさに寂寥というイメージです。しかし、平安時代中期には自然美とか遊興性が加わってきます。好ましい世界として捉えられていることが、歌の中からも見てとれるのです。「行き交う人の心を見る」と、人の訪れもあるということです。そして後期には、宇治のような仏教修行者が庵を結ぶ場所として、修行者のイメージがついてきます。

平安中期はプラスのイメージ、軽いイメージがありますが、それはおそらく、道長の遊覧など、当時の貴族が四季自然を味わう楽しみのために山里へ出かけたことがかかわっていると考えられます。

描かれた「山里」

『後拾遺《ごしゅうい》和歌集』などの歌集には、屏風に描かれた山里のことを詠んだ「屏風歌」が収集されています。実際

図7　山水屏風　神護寺蔵

は行っていない、屏風のなかの山里を見て、こんなところだろうと詠んだ歌です。どちらかというとポジティブな印象の歌が多いです。

現存最古の大和絵屏風といわれる神護寺所蔵「山水屏風」（図7）を見ると、いくつか建物があって、これは山里のイメージを投影しているのではないかと考えられます。寝殿造のような建物があり、釣殿《つりどの》が差し掛かって、ここにいる女性のもとを男性が訪ねてくる、山里の風景が描かれています。まさに『源氏物語』の構図です。描かれた山里の中では、こうした美しい世界が広がります。

ところが、実際に山里へ行って詠んだ歌には、「日も暮れぬ人も帰りぬ山里は峯の嵐の音ばかりして」（『後拾遺和歌集』巻第十九・雑五、一一四五番歌、源頼実）のように、非常に寂しいと実感のこもる歌がいくつかあります。貴族が体験的に山里の空間を感じていることが伝わってきます。

文学・絵画によって形づくられた観念的「山里」の優勢

『源氏物語』の中にもおもしろい批評があります。「松風」の巻、大堰邸の付近についての批評です。紫式部の評価ということになりますが、「得も言われぬ松陰に何のいたわりもなく立てたる神殿のこと過ぎたるさまで簡素なさまも自ずから山里のあはれを見せたり」と、美しさを讃えています。

ところが宇治十帖、「橋姫」の巻には、「同じ木山里といえどさる方にて心とまぬべくのどやかなるもあるも」とあります。こちらも大堰をイメージしていると思われますが、おのずから山里のあわれを見せるような場所なのに、宇治は水の音も荒々しく、「すごく吹き払いたり」ということで、なんだか不気味な気がするという。同じ山里でも、理想的な山里があるということを言っています。

『枕草子』にもおもしろい表現があります。「かきまさりするもの」、つまり描いた絵の方が現実よりもいい題材として、「山里」をあげています。実際に行ったら、寂しく、汚い部分も見えたりしますが、「あはれなるものやまさとのゆき」とあるように、いいと思うところもあるということです。このように季節の景物が伴ってくると、山里は美しさを増すと言えるでしょう。

こうして見てみると、平安中期は文学的な比喩、つまり六条院に見られるような古今的、伝統的な季節感と、実際に体験して新しい発見をするということが入り混じった時代だったのではないかと考えられます。

4　実在した四方四季の庭・高陽院

藤原摂関家の大規模庭園・高陽院

最後に、実在した「四方四季」の庭、高陽院を紹介します。ここは藤原摂関家の邸宅の一つで、里内裏や院の御所にもなりました。高陽院庭園は藤原頼通がもともと賀陽《かや》親王邸（桓武天皇皇子）であったものを入手し、二町から四町に拡張して大々的に作りましたが、やり過ぎだと批判されたりもしています。人びとはつくるのに疲弊したようです。長い歴史のなかで三回火災に見舞われ、そのたびに作りかえが行われています。

高陽院は、万寿元年（一〇二四）の駒競《こまくらべ》の様子が描かれた絵巻物や、『栄華物語』、長元八年（一〇三五）の「賀陽院水閣歌合」の記録などから庭園の考察が可能です。それらの内容を見ると、高陽院が四方四季方式の庭だったことが書かれています。

また発掘調査で池の遺構が確認され、考えられていたよりも複雑な池だったことがわかりました。第一期は、藤原頼通が庭園をつくった頃、駒競や歌合わせの史料が描いている時期です。そして第二期、第三期と再建をしていきます。最後の方になると頼通は平等院の造営に夢中になり高陽院のことは疎かになりますが、初期は非常に力を入れていました。

場所は平安宮のすぐ近くにあり、四町四方は異例の広さでした。右大臣藤原実資《さねすけ》の日記『小右記《しょうゆうき》』には「高陽院の造作は天下の嘆くところなり」と書かれています。『作庭記』の中にも、「庭づくりの名人がいなくなって、皆つくり方を知らない、禁忌もわきまえず、無理してつくっている。高陽院修造の時も、石を立てる人、名人がみんな死んでしまい大変だった」と記され、この『作庭記』の作者は高陽院の庭修造に関係していたらしいことがわかります。具体的に誰であるのかは諸説あり、藤原頼通の息子・俊綱（橘俊綱）とする説が長く有力でしたが、否定する説もあります。最新の説では、この修造の時に藤原頼通の近くにいた人物ではないかと言われています。

高陽院の構造

『栄華物語』、「駒競」の段には「海竜王の家などこそ、四季は四方にみゆれ、この殿はそれに劣らぬ様なり」とあって、四方四季の庭だと書かれています。寝殿の北、南、東などに池があり、中島に一棟建てで釣殿が想定復元されています。平等院も彷彿させるような配置です。『栄華物語』の記述をもとにした「駒競行幸絵巻」には、竜頭鷁首や中島の楽舎など、とても華々しい様子が描かれています（図8）。

一期については、『栄華物語』以外にも史料があり、「賀陽院水閣歌合」の記録には、「「文殿」というところから二隻の船が歌合わせの際にこぎ出されて、東池おいて南池に進んだ後にこの辺で降り、水閣に行った」と書かれています。このように船の移動もありました。渡殿の下に泉があり、滝も存在したことが記されています。

二期には、山里の滝のようなものが作られていたようです。池の上はひらけた空間になり、池の上に紅葉の葉が流れて錦のようであるという表現があります。これは六条院に重なる部分もありますが、実際にあった庭ということを考えると非常におもしろい記述です。

図８　池に浮かぶ鷁首の楽船（「駒競行幸絵巻」模本より，東京国立博物館蔵，Image: TNM Image Archives）

高陽院の発掘調査

高陽院は二条城近くの住宅密集地にあるため、発掘調査は建物の建て替え時などに、部分的に、とても狭い範囲で行われています。池の形が非常に複雑です。大きな敷地の中で広範囲に及んでいることがわかっています。州浜と呼ばれる、池のみぎわの護岸の手法など細部の意匠もおもしろいです。この時代からこのように石を細かく敷いて、海辺の表現がなされていました。海岸にあるような穴が開いている石が見つかったりもしています。

何回も改修されたことが史料上でもわかっていますが、遺構でも明らかになっています。先ほどの州浜は、下の方に少し大きい石があります。自然の石浜でも、重い石が下にあるのですが、こういったことでも自然の風景を模していることが見て取れるかと思います。先ほどの駒競の段の内容から復元した平面図と調査の遺構を並べると、想定よりも広範囲が池になっていそうなことがわかってきました。

庭園史の魅力

本章では、文学の中に見られる六条院の庭、ほぼ四町の四方四季の庭、そして実在した庭園としての四方四季の庭を、さまざまな史料をもとに紹介してきました。

平安時代の庭園は実物がないこともあって、なかなか具体的なイメージを持てませんが、さまざまなものを手がかりに文学の世界と実際の世界とを重ね合わせながら見ることによって、いろいろなことがわかってくるというのが、庭園史の面白いところであると思います。

参考文献

秋山虔・小町谷照彦編　一九七七　『源氏物語図典』小学館
倉田実編　二〇〇七　『王朝文学と建築・庭園』竹林舎
小島孝之　一九九五　「「山里」の系譜」（『国語と国文学』七二―一二）
笹川博司　二〇〇四　『隠遁の憧憬　平安文学論考』和泉書院
相馬知奈　二〇一三　『源氏物語と庭園文化』翰林書房
高橋知奈津　二〇一四　「平安貴族の遊覧と文芸―道長と桂、宇治」（京都造形芸術大学日本庭園・歴史遺産研究センター『庭園学講座二一　日本庭園と文芸』）
田島智子　二〇〇七　『屛風歌の研究』和泉書院
角田文衞・加納重文編　一九九九　『源氏物語の地理』思文閣出版
奈良文化財研究所編　二〇一一　『平安時代庭園の研究―古代庭園研究Ⅱ―』（奈良文化財研究所学報第八六冊）

三

源氏絵を読む

宇治市源氏物語ミュージアム所蔵「源氏絵鑑帖」を例に

龍澤　彩

1　さまざまな源氏絵

源氏絵の系譜

平安時代に紫式部によって著された『源氏物語』は、平安時代から現代に至るまで、さまざまな形で絵画化されてきました。「源氏絵」と呼ばれるそれらの絵画は、十二世紀の国宝「源氏物語絵巻」（徳川美術館・五島美術館蔵。以下、徳川・五島本と呼称）から、江戸時代の浮世絵、現代の漫画『あさきゆめみし』（大和和紀著）など、各時代を通じて、多種多様な媒体に表現されています。各時代の源氏絵を通覧する研究は、これまで、秋山光和氏、田口榮一氏、佐野みどり氏、稲本万里子氏らによってまとめられているほか、「源氏千年紀」が謳われた二〇〇八年前後に開催された、いくつかの展覧会図録でも取りあげられています。先学に導かれつつ、まずは源氏絵について概観しておきましょう。

現存する最古の源氏絵は、徳川・五島本「源氏物語絵巻」です。江戸時代に尾張徳川家に伝来した三巻分（蓬生《よもぎう》、関屋、絵合《えあわせ》、柏木一〜三、竹河一・二、橋姫、早蕨《さわらび》、宿木一〜三、東屋《あずまや》一・二）が名古屋の徳川美術館に、阿

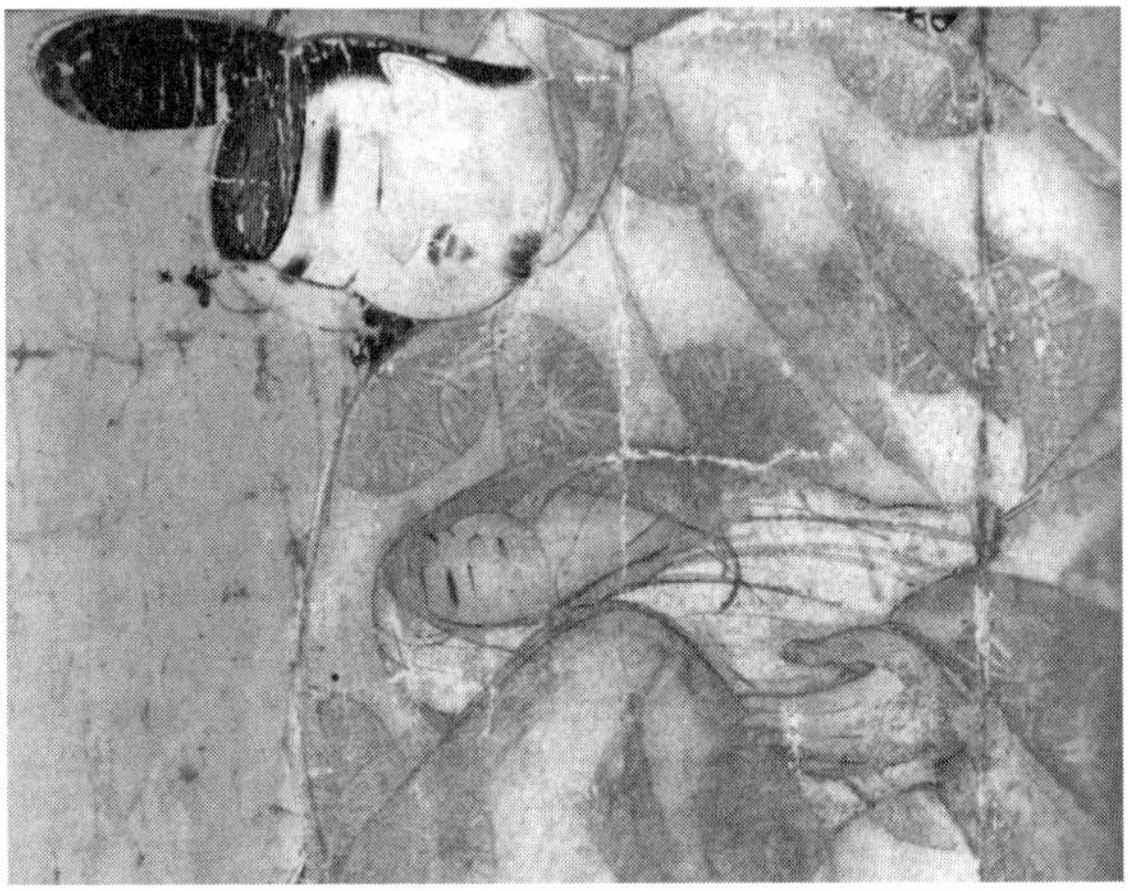

図1　光源氏の顔貌表現（「源氏物語絵巻」「柏木」（三），部分）
徳川美術館蔵　© 徳川美術館イメージアーカイブ／DNP artcom

波蜂須賀家に伝来した一巻分（鈴虫一・二、夕霧、御法《みのり》）が東京の五島美術館に分蔵されています。徳川・五島本は、十二世紀前半、白河院（一〇五三―一一二九）・鳥羽院（一一〇三―五六）のころに宮廷を中心として制作されたと考えられており、美しい料紙にしたためられた優美な書と、繊細な感性によって描かれた絵は、今も観る者を魅了しています。小さな画面の中に、厳選されたモチーフによって物語や和歌のエッセンスが凝縮して描かれており、物語成立からおよそ百年後という時代に、この絵巻の享受者にとってはすでに『源氏物語』が換骨奪胎され、洗練された絵巻として表現されるほどの「古典」となっていたことを思わせる作例です。この絵巻の、「蓬生」「関屋」「柏木」（一・三）が、光源氏の姿を描いた現存最古の作例ということになりますが、たとえば「柏木」（三）の光源氏の顔貌表現（図1）に顕著に見られるように、「引目鉤鼻」で表された目鼻、髪の生え際や髭の一本一本にまで細やかな神経が配られています。近年の調査により、この場面は、赤子（のちの薫）を抱く光源氏の手の位置や、薫の顔の向き、手の仕草が描き直されていたことがわかっており（徳川美術館編『国宝　源氏物語絵巻』に、修正された下絵を示す反射赤外線写真が紹介されています。なお、同図録には徳川・五島本の現存全場面の写真が掲載されています）、絵師が試行錯誤しながら、一つの場面を表現しようとしていたことが窺えます。画中に微細に描かれた障子絵《しょうじえ》や屏風絵《びょうぶえ》や調度類などの数々のディテールも、物語の世界を活き活きと立体的に感じさせます。

徳川・五島本についで古い作例としては、鎌倉時代の白描絵入源氏物語冊子（「源氏物語絵詞」）が現存しています。「浮舟」の前半と「蜻蛉《かげろう》」の一部を合装し、現在は一巻に仕立てられているものが徳川美術館に、「浮舟」の後半部を収めた一冊が大和文華館に分蔵されています。これらには美しい墨線で描かれた白描の挿図が収められています。冊子本の挿絵として描かれた源氏絵の現存最古例です。また、絵巻としては、鎌倉時代末から南北朝時代にかけての制作とされている作品が、天理大学附属天理図書館（「若紫」巻）およびメトロポリタン美術館（「澪標《みおつくし》」巻）に分蔵されています。

室町時代には、『源氏物語』の影響が連歌《れんが》や謡曲《ようきょく》、御《お》伽草子《とぎぞうし》などさまざまな分野に及び、注釈書や梗概書が生まれるなど、享受方法が多様化しました。源氏絵はこの時代、扇面画や色紙などの小画面作品を中心に多数制作され、その過程で、描かれる場面や図様がパターン化していったと考えられます。『源氏物語』の中で詠まれた和歌を抜粋して挿図を加えた、白描小絵の絵巻が多く作られたのもこの時代です。

桃山、江戸時代になると、それまでに蓄積された源氏絵の図様を継承しつつ、細密、華麗な色紙絵や、屛風絵や襖絵《ふすまえ》といった大画面にも源氏絵が描かれました。土佐派・狩野派といった、日本の絵画史上重要な画派もこぞって源氏絵を手がけました。各流派では粉本によって図様が共有・継承されています。各画派にとって源氏絵は必須のレパートリーの一つで、俵屋宗達《たわらやそうたつ》をはじめとする琳派《りんぱ》、岩佐《いわさ》又兵衛《またべえ》、住吉如慶《すみよしじょけい》、具慶《ぐけい》ら住吉派、「復古大和絵」の絵師として知られる冷泉為恭《れいぜいためちか》らも、それぞれ独自の表現による源氏絵を生み出しました。江戸時代中後期には、絵入り版本の隆盛を受けて、源氏絵はさらに多様化し、幅広い層に享受されました。『偐紫田舎源氏《にせむらさきいなかげんじ》』の流行もあり、見立ての面白さを盛り込んだ浮世絵の源氏絵も多数制作されました。

五十四帖型とクローズアップ型　編集される源氏絵

源氏絵には、第一帖「桐壺」から第五十四帖「夢浮橋」までのすべてを網羅して収める「五十四帖型」の作品と、一場面ないし数場面を画題とする「クローズアップ型」の作品があります。五十四帖型の源氏絵は、一作品で『源氏物語』全体を見渡すことのできる作品であると言えるでしょう。色紙絵などの場合は、一枚一枚は一画面に一場面を描くクローズアップ型ですが、全帖揃いの画帖を一作品とみる場合は五十四帖型とも言えます。

源氏絵は、絵巻や屛風、扇、色紙などさまざまな画面形式に描かれましたが、特に小画面の色紙や扇に描かれた源氏絵は、図様の流布に大きな影響を与えたと考えられます。小画面絵画の場合は、画面の制約もあり、一つの画面内にモチーフを限定して描かざるを得ません。図様の定型化、つまり、たとえば「若紫」といえばまず光源氏と紫の上の出会いの場面、そしてその場面らしく描くのに必要なモチーフは桜と雀と……というような、「定型パターン」が作られていく過程に、小画面の源氏絵の普及は深くかかわっていたと思われます。さらに、特に扇絵は室町時代には頻繁に贈答に用いられていたことが当時の文献史料から確認でき、人と人の間を流通しながら、イメージを伝えていく媒体となっていました（龍澤　二〇一八）。

また、室町時代以降の現存作例をみていくと、『源氏物語』の文脈を離れて、別のコンテクストで「編集」されている源氏絵が散見されるようになります。これはクローズアップ型の普及ともかかわることですが、たとえば、物語の順序とは関係なく、春夏秋冬の順に場面を配する源氏絵が制作されました。六十面の源氏絵扇面を四季の順に収めた「源氏物語扇面貼交屛風」（浄土寺蔵　室町時代）をはじめとして、近世には、屛風や絵巻に、それぞれの季節をあらわす場面を選んで描き、全体としてみると四季絵となっている作品も多数作られています。春の場面としては、桜とともに描かれる「若紫」や「若菜上」、秋は「紅葉賀《もみじのが》」や「野分《のわき》」など、特に春秋の場面は好んで取り上げられています。『源氏物語』が読み継がれていくなかで、「四季絵」や「歌絵」といったやまと絵の伝統と交差するようにして、源氏絵にもさまざまなバリエーションが生まれました。

色紙に描かれた源氏絵

源氏絵の色紙については、現存作例に遡って、文献史料から制作の様子を窺うことができます。室町時代の『源氏秘義抄』所収の「仮名陳状」には、二十巻の「源氏物語絵巻」が、色紙の制作の参考にされたという記述が見られます。この絵巻は、藤原忠通《ふじわらただみち》や源有仁《みなもとのありひと》らが詞書を書いたと伝えられており、遅くとも有仁の没年である久安三（一一四七）までに成立し、別な記録から、その後建礼門院《けんれいもんいん》の所蔵となったと推測されています。「仮名陳状」では、宗尊親王《むねたかしんのう》のもとで源氏物語の色紙形貼込屏風が制作された際に、色紙について難を申し立てた小《こ》宰相《ざいしょう》の局に対し、兵衛督・弁局・長門局が、件の二十巻の絵巻に基づいて制作されたことを述べています。陳状の時期は文永三年（一二六六）四、五月ごろと考えられており、このころ、色紙形の源氏絵が描かれていたこと、また、源氏絵は物語本文を正しく考証して描かなければならないという制作態度があったことが窺えます（四辻秀紀「源氏秘義抄」解説　徳川美術館編『絵画でつづる源氏物語　描き継がれた源氏絵の系譜』所収）。

現存する最も古い源氏絵色紙としては、ハーバード大学所蔵の「源氏物語画帖」が知られています（千野・亀井・池田　一九九七）。三条西実隆《さんじょうにしさねたか》の日記『実隆公記』永正六年（一五〇九）年八月三日条にみられる「陶三郎源氏絵色紙携来之」とある色紙に該当すると考えられており、記録と現存作例との照合から、詞書を、三条西実隆のほか伏見宮邦高《ふしみのみやくにたか》親王、定法寺公助《じょうほうじこうじょ》、冷泉為広《れいぜいためひろ》が染筆したと知られています。絵は画風から土佐《とさ》光信《みつのぶ》および光信が率いる工房の作と考えられている作品です。現在画帖に詞と絵が各一帖一枚ずつ交互に貼り込まれており、『実隆公記』永正七年五月十六日条に「先度源氏色紙双子《そうし》押之令見」とあることからも、制作当初から、本のような形態の台紙に貼る鑑賞方法があったとわかります。そのほか現存作例では、土佐光元《みつもと》筆と伝えられる数種の色紙がありますが、近年光元筆の可能性が高いとされた「紫式部石山寺参詣図」（宮内庁書陵部蔵）（片桐　二〇一三、マコーミック　二〇一五）と比較すると、光元筆という確証は得られません。その後、源氏絵色紙が花開くのは、土佐光吉《みつよし》（一五三九―一六一三）の時代です。土佐光吉筆の色紙は、和泉市久保惣記念美術館所蔵（以下久保惣本）の作品と、京都国立博物館所蔵の作品（以下京博本）が著名です。久保惣本については、詞書筆者の一人である山科言緒《やましなときお》の日記『言緒卿記』慶長十七年（一六一二）七月三十日条に見られる、中院通村《なかのいんみちむら》が制作にかかわった色紙に該当すると考えられています（河田　一九九二）。十七世紀に入ると、源氏絵というフィールドで、公家と武家がかかわりをもつようになっていた様子が窺えることも、興味深い点です。

源氏絵色紙はその後、土佐派の「主力商品」になっていきます。土佐光則《みつのり》（一五八三―一六三八）は、光吉の色紙よりもさらに小さな画面に、繊細緻密に源氏絵を描きました。彩色画としては、徳川美術館所蔵「源氏物語色紙画帖」（以下徳川本と呼称）に収められた六十図が代表作例で、ほか、フリーア美術館、メトロポリタン美術館に所蔵されている白描の色紙画帖も知られています。微細に描かれた人物の上に、極細の線を重ねて、御簾《みす》の内にいることを表す描写などに、光則が習得していた高度な技術が遺憾なく発揮されています。特に白描の作品では、色彩を用いないだけに、さらに墨線の繊細さが際立ち、圧倒されるほどの精緻な画面が創り出されています。源氏絵が土佐派の重要なレパートリーだったということは「土佐派絵画資料」として今に残る粉本類の中に、数多くの源氏絵が残っていることからも窺い知ることができます（京都市立芸術大学芸術資料館編『土佐派絵画資料目録　画帖（三）』に源氏絵粉本の図版が掲載されています）。

2　宇治市源氏物語ミュージアム所蔵「源氏絵鑑帖」について

作品の「個性」を考える

ある美術作品について研究しようと思った時に、その作品がいつ・どこで・誰によって・誰のために制作されたのか、という基本情報を押さえることは、決して簡単ではありません。作品そのものだけでなく、付属する文書や箱書なども作者や所用者に関する重要な手がかりになりますが、古い作品であればあるほど、付随する情報は少なくなるためです。「いつだれが描いたの?」と作品に問いかけて、絵が答えてくれたらどんなにいいか、と思うことはしばしばですが、それは叶いませんので、美術史研究者・学芸員がある作品について知りたいと思った時、まるで探偵が推理していくように、作品の中に足跡を探しながら、考察をしていくのです。

ここで、宇治市源氏物語ミュージアム所蔵の「源氏絵鑑帖」(以下、源氏ミュージアム本と呼称)という作品について、若干の考察を試みてみましょう。同作品は、『源氏物語』の各帖から一場面ずつ選ばれた絵を色紙に描き、現在は画帖に貼られています。詳細はすでに『宇治市源氏物語ミュージアム所蔵　伝土佐光則筆　源氏絵鑑帖』(二〇〇一)で紹介されています。この作品には、作者の落款《らっかん》(サイン)や印はありません。作品の中に手がかりを探しつつ、他作品とも比較しながら、この画帖の個性を考えてみたいと思います。

まず、いつ誰が描いたか。この画帖には「伝土佐光則筆」という外題がありますが、狩野博幸氏は、光則よりも一世代あとの土佐派の絵師を筆者として想定しています。土佐光則による彩色源氏絵の基準作の一つである徳川本と比較すると、源氏ミュージアム本は、徳川本に見られる極細の柔らかな筆線とは異なり、顔貌表現にも差異が目立つため、十七世紀半ばから後半にかけて、土佐派で言えば土佐光起《みつおき》あるいは光起の子の光成《みつなり》の時代にあたるのではないかと考えられます。ただ、光起や光成の線描や彩色の緻密さと比較すると、やや素朴さがあるため、土佐派本流の絵師その人というよりは、土佐派の流れをくむ工房作と考えるのが妥当なのではないでしょうか。いずれにしても、当時の絵画制作の環境は工房制作が主流ですので、特定の個人の絵師一人を想定するのは

国宝源氏	中世源氏絵	毛利本	近世土佐派	住吉派	狩野派	版本
			◎★		探幽	○
	九		◎	個如		○
	H・九・浄・個・永	○		個如・サ如	探幽・氏信	○
				具		○
※東博	天・浄			サ如	探幽・氏信	○
	H・九	○	◎		探幽・氏信	
			★	個如	氏信	○
	個・永		★	サ如	探幽・氏信	○
	H・個・永	○	◎・☆	個如・サ如	探幽	○
	H・九・浄・永	○	◎・☆	個如・サ如	探幽・氏信	○
	H		★		氏信	
	浄・個・永			具		
			◎・☆・★	サ如・具		○
			◎	具	氏信	○
○	H・九・浄・永	○	◎	サ如	探幽・氏信	○
○	個・永	○	◎・☆・★	個如・サ如・具	探幽・氏信	○
	H・天冊子・浄・個	○		具		
	H・浄・個・永	○	◎		氏信・探幽	○
	浄・個	○		サ如		○
	H・個	○		サ如		○
	H・浄・個	○	◎	個如・サ如	探幽・氏信	
	H					○
	H・九		☆・★	個如		
	個・永		◎	サ如	氏信	○
			◎・★	個如・サ如	探幽・氏信	○
	H・浄	○	◎	サ如		○
	浄・個・永		◎・★	個如・サ如	探幽・氏信	○
	浄	○	◎	個如	氏信	○
	浄	○	◎		探幽・氏信	
	H・個・永	○	◎・★	個如・サ如・具	探幽・氏信	○
	H・浄・個・永	○	◎・★	サ如		○
	H	○	★	個如・サ如	氏信	○
	H・個・永		◎	個如・サ如	探幽・氏信	○
	H・浄・個・永	○		サ如	探幽	○
				個如	氏信	
	浄・個・永	○	◎	個如・具	氏信	
	H		◎・★	サ如		○
			★			○
	浄△					○
	H・浄・個・永	○	★	サ如・具	氏信	
			★	サ如・具		
	H・永		◎・☆	個如・サ如・具	探幽	
	H・九・個		◎・★	個如・サ如	探幽	○
○	H・個・永	○	◎	サ如	探幽	○
○	H・浄・個・永	○	◎	サ如・具	探幽・氏信	○

表　源氏絵場面一覧

	帖　名	源氏ミュージアム本
1	桐　壺	高麗の相人，光源氏の相を見る．
2	帚　木	左馬頭の体験談．殿上人が縁先で笛を吹くと，御簾の内から女が琴を合わせた．
3	空　蟬	光源氏，中川の邸に忍び，空蟬と軒端の荻が碁をうつところを垣間見る．
4	夕　顔	光源氏，惟光に紙燭を持たせて，夕顔の扇を見ると，和歌が書いてある．
5	若　紫	北山で療養中の源氏のもとに，公達がやってくる．僧都，山中で酒宴，合奏．
6	末摘花	末摘花を訪ねた源氏が朝方帰る折，随身に橘に積もった雪を払わせる．
7	紅葉賀	光源氏，温明殿のあたりを歩き，琵琶を弾く源典侍と戯れる．
8	花　宴	月夜，桜の宴のあと，光源氏，扇をかざして歩いてくる女性（朧月夜）に会う．
9	葵	斎院の御禊行列見物の六条御息所の車，葵の上の一行と遭遇する（車争い）．
10	賢　木	光源氏，晩秋の野宮に六条御息所を訪ね，榊の枝を差し入れて歌を交わす．
11	花散里	光源氏，麗景殿女御のもとで昔話をする．ホトトギスの声を聞く．
12	須　磨	須磨の光源氏を頭中将が訪ね，山荘の馬をめずらしく眺める．
13	明　石	明石へ移った光源氏，入道邸で琴を弾く．明石入道は琵琶をあわせる．
14	澪　標	花散里を訪ねた光源氏，水鳥の声を聞いて歌を交わす．
15	蓬　生	光源氏，末摘花邸の蓬生い茂る庭を，惟光に露を払わせながら進む．
16	関　屋	光源氏，石山詣の途次，逢坂の関で空蟬の一行に会う．
17	絵　合	光源氏，絵合のための絵を紫の上と選ぶ．
18	松　風	光源氏，桂殿にて遊宴．迎えの人々，萩の枝に小鳥を付けて奉る．
19	薄　雲	紫の上のもとに立ち寄った光源氏に，明石の姫君が無邪気にまとわりつく．
20	朝　顔	雪の日，光源氏と紫の上は童女たちが雪まろばしをする様子を眺める．
21	乙　女	秋好中宮，箱の蓋に秋の花や紅葉を載せ，紫の上に贈る．
22	玉　鬘	玉鬘の一行，長谷寺を参詣．
23	初　音	正月，光源氏は明石の上を訪ね，手習いを見る．
24	胡　蝶	秋好中宮の季の読経に，紫の上の使者の童女が桜と山吹を届ける．
25	螢	玉鬘のもとを訪ねた螢兵部卿宮，光源氏が放った螢の光で玉鬘の姿を垣間見る．
26	常　夏	夏の暑い日，光源氏は釣殿で涼をとり，川魚などを料理させる．
27	篝　火	光源氏，琴を枕に玉鬘に添い臥す．
28	野　分	野分の翌朝，秋好中宮は，童女たちを庭に降ろして虫籠に露をふくませる．
29	行　幸	光源氏のもとに，帝から枝に付けた雉子が贈られる．
30	藤　袴	夕霧，光源氏の使いで玉鬘を訪ね，藤袴の花を差し入れて求愛する．
31	真木柱	玉鬘のもとに向かおうとする髭黒大将に，北の方が火取りを投げつける．
32	梅　枝	朝顔の斎院から，光源氏のもとに薫物が届く．螢兵部卿宮が感嘆．
33	藤裏葉	藤花の宴，内大臣は夕霧に対し杯に藤を添え，雲井雁との結婚を許す歌を詠む．
34	若菜上	蹴鞠に興じていた柏木，御簾の合間から女三の宮の姿を垣間見る．
35	若菜下	柏木，女三の宮の猫を手に入れて愛玩．
36	柏　木	柏木の父の左大臣，修験者と対面．
37	横　笛	幼い薫，朱雀院から女三の宮に贈られた筍を口に入れる．
38	鈴　虫	蓮の花の盛りに，女三の宮の持仏供養．光源氏は歌を詠む．
39	夕　霧	夕霧，小野の山荘に落葉の宮を訪ねる．
40	御　法	春，紫の上の法華経供養．蘭陵王が舞われる．
41	幻	紫の上亡き後，光源氏は悲嘆に暮れ，文を火にくべる．
42	匂　宮	賭弓のあとの還饗に，匂宮・薫らが車を連ねて六条院へ．
43	紅　梅	按察大納言，紅梅の枝とともに，文を匂宮に届けるように若君に言う．
44	竹　河	玉鬘の娘たちが，庭の桜の木を賭けて碁をうつ．
45	橋　姫	薫が宇治の姫君を垣間見る．中の君，撥で月を招くしぐさ，大君は琴を弾く．

国宝源氏	中世源氏絵	毛利本	近世土佐派	住吉派	狩野派	版本
			☆			○
						○
	H・浄・個	○	◎・★	個如・サ如・具	探幽・氏信	○
○					探幽	
○				サ如	探幽	
	永		★			○
			☆			○
	九			個如・サ如	氏信	○
			◎・★	個如・サ如・具	氏信	○

（主要参考文献）
伊井春樹『源氏綱目（源氏物語古注集成第 10 巻）』桜楓社　1984 年
秋山虔・田口榮一監修『豪華源氏絵の世界』 学習研究社　1997 年
『宇治市源氏物語ミュージアム所蔵　伝土佐光則筆　源氏絵鑑帖』宇治市源氏物語ミュージアム　2001 年
『絵画でつづる源氏物語　描き継がれた源氏絵の系譜』徳川美術館　2005 年
『源氏物語千年紀展』京都文化博物館編　2008 年
佐野みどり監修『源氏絵集成』藝華書院　2011 年
龍澤彩『絵巻で読む源氏物語』三弥井書店　2017 年

困難です。

源氏ミュージアム本の場面選択

次に、源氏ミュージアム本が、源氏絵としてどのような特徴をもっているのかという点について考えていきましょう。まず、源氏絵の場合、長大な『源氏物語』からどの場面を選ぶか、という場面選択に作品の個性が表れる場合があります。源氏ミュージアム本の各帖からの場面選択は別表の通りです。参考として、他の源氏絵における場面選択との重複を示しました。源氏ミュージアム本に先行する源氏絵としては、徳川・五島本と、中世の現存作品（ハーバード大学美術館蔵・土佐光信筆「源氏物語画帖」と扇面画群）を参照し、他は、源氏ミュージアム本と同じ十七世紀の作例をあげています。毛利博物館蔵「源氏物語絵巻」は、詞書筆者の尊純《そんじゅん》法親王の年齢から、慶長十一年（一六〇六）の制作とわかる五巻の絵巻で、絵の作者については諸説あるものの、土佐光吉とは別系統の土佐派絵師の作と考えられる作例です（龍澤　二〇一七）。ほか、土佐派の源氏絵としては、土佐光吉・土佐光則・土佐光起の三世代の作例を

	帖名	源氏ミュージアム本
46	椎本	宇治を訪ねた薫，柱に寄りかかって八の宮を偲ぶ歌を詠む．
47	総角	薫から大君へ紅葉に結んだ文が届く．
48	早蕨	中の君に，山の阿闍梨から蕨や土筆の入った籠が届けられる．
49	宿木	帝，碁の相手に薫を召し，女二の宮降嫁をほのめかす．
50	東屋	中の君，絵を出して浮舟に見せる．
51	浮舟	薫が浮舟を訪ねる．宇治川には柴積舟．
52	蜻蛉	薫が女房と和歌を詠み交わす場面？（季節違い）
53	手習	浮舟が身を寄せる尼君の庵室近くで，人々が稲を刈る．
54	夢浮橋	小君が薫の文を浮舟に届ける．

（注）
徳川美術館・五島美術館蔵「源氏物語絵巻」（東京国立博物館蔵「若紫図」断簡を含む） 九…九州国立博物館蔵「扇面画帖」，H…ハーバード大学美術館蔵「源氏物語画帖」 浄…浄土寺蔵「源氏物語図扇面貼交屏風」 個…個人蔵「源氏物語図扇面貼交屏風」 永…永青文庫蔵「源氏物語図扇面貼交屏風」 天理…天理大学附属天理図書館蔵「源氏物語絵巻」 天冊子…天理大学附属天理図書館蔵「源氏物語」（冊子表紙絵） ◎…和泉市久保惣記念美術館蔵「源氏物語手鑑」（土佐光吉筆） ☆…徳川美術館蔵「源氏物語画帖」（土佐光則筆） ★…個人蔵「源氏物語画帖」（土佐光起筆） サ如…サントリー美術館蔵「源氏物語画帖」（住吉如慶筆） 個如…個人蔵「源氏物語画帖」（住吉如慶筆） 具…MIHO MUSEUM 蔵「源氏物語絵巻」（住吉具慶筆） 探幽…宮内庁三の丸尚蔵館蔵「源氏物語図屏風」（狩野探幽筆） 氏信…個人蔵「源氏物語図屏風」（狩野氏信筆） 版本…承応三年（1654）刊『源氏物語』（絵入源氏）

参照しています。また、土佐派から分かれた住吉派としては、住吉如慶の「源氏物語画帖」（個人蔵）と、住吉具慶の「源氏物語絵巻」（MIHO MUSEUM 蔵）、狩野派の作例としては、いずれも「五十四帖タイプ」の狩野探幽と狩野氏信の「源氏物語屏風」を参照しています。加えて、承応三年（一六五四）刊行の版本『源氏物語』（以下絵入源氏と呼称）の挿図の該当有無を示してあります。これらを見てみると、源氏ミュージアム本は、特殊な場面選択がなされているというよりは、すでに室町時代に扇面画として描かれていた源氏絵場面を継承しつつ、同時代の十七世紀に広く流布していた場面を収めている作例であると位置づけることができます。

海の見える杜美術館所蔵「源氏物語色紙画帖」との比較

続いて、源氏ミュージアム本の制作背景をもう少し掘り下げてみましょう。参考として比較したいのは、海の見える杜美術館所蔵「源氏物語色紙画帖」（以下、海杜本と呼称）です。この作品は、源氏ミュージアム本とほぼ同じ図様を示す色紙絵のセットで（家塚智子氏のご教示による）、

図３　海杜本「帚木」 海の見える杜美術館蔵

図２　源氏ミュージアム本「帚木」 宇治市源氏物語ミュージアム蔵

海杜本には『源氏物語』から抜粋した部分を書写した詞書の色紙が添っています。海杜本については、土佐派スタイルの上に住吉派的な新様式も取り入れた作風であるとして、十七世紀後半に位置する、広義の土佐派工房作とする見解が呈されています（岡本麻美「源氏物語色紙画帖」解説　佐野みどり監修『源氏絵集成』所収）。源氏ミュージアム本と海杜本は、場面選択も合致しており、構図、図様もほぼ同様です。両者の細部を見比べてみると、海杜本の線描のほうが柔らかく繊細、源氏ミュージアム本のほうがやや硬質な印象で、絵の筆者は異なっていると考えられます。ただ、短く引かれた引目鉤鼻にポツンと赤い点で口を表す顔の表現は似通っており、両者が近しい関係であることは間違いありません。こうした画風の源氏絵色紙は十七世紀半ばから後半を中心に現存作例も多く（徳川美術館編『王朝の雅び千年　物語文学の世界』図録所収の個人蔵「源氏物語色紙画帖」など）、広い意味での土佐光則様式とも言うべき源氏絵への需要が高かったことを窺わせます。

源氏ミュージアム本と海杜本はほぼ同図様で、親子あるいはきょうだいと言ってもよいような関係だと思われますが、細部には若干の違いがあります。たとえば「藤袴《ふじばかま》」帖では、海杜本では下ろされている御簾が、源氏ミュージアム本では巻き上げられており、夕霧が御簾の下から藤袴の花を差し入れるという内容を考えると、海杜本のほうが本文に合致していると言えます。また、「螢」帖は、垣間見をする螢兵部卿宮に、光源氏が螢を放って、その光で玉鬘《たまかずら》の姿を見せるという場面です。海杜本では襖《ふすま》は開けられた状態で描かれていますが、源氏ミュージアム本の場合、螢兵部卿宮の前の襖はぴったりと閉じられており、「垣間見」という物語の内容は意識されていないようです。「帚木《ははきぎ》」帖の、左馬頭の体験談（殿上人が吹く笛の音に、邸の中から女が琴を合わせた話）では、海杜本では本文の「月おもしろかりし夜」「荒れたる崩れより」に対応して、月と崩れた築地塀《ついじべい》が描かれているのに対し、源氏ミュージアム本では、月は省略され、竹垣が描かれています（図2・3）。

このように、差異が認められる部分に関しては、おおむね海杜本のほうが本文との対応関係が正確であると言うことができます。ただし、たとえば「篝火《かがりび》」帖で、光源氏と玉鬘が琴を枕に添い臥す場面では、源氏ミュージアム本の琴にのみ金泥で繊細な琴の弦が描かれており、必ずしも源氏ミュージアム本のほうが省略が多く不正確とは言えません。いずれにしても、仮にどちらかがどちらかを直接模写したのならば、ここまでの差異は生じないのではないでしょうか。両者は共通の粉本をもとにして制作されたのではないかと考えられます。当時の粉本は、前述の「土佐派絵

図４「土佐派絵画資料」京都市立芸術大学芸術資料館蔵

画資料」に収められている各図のようなものであったと思われ、おおよその図様や色の指示などは描いてありますが、たとえば「時分春」と書き込むのみの部分があるなど、全てのモチーフが詳細に描いてあるわけではありません（図4）。それらをもとに本画を制作する場合、どのように描くかは絵師の判断に委ねられる面もあったと思われます。

3　海杜本の絵と詞書

詞書と絵の対応

源氏ミュージアム本をさらに理解するため、海杜本についてもう少し詳しく見ていきましょう。海杜本には詞書の色紙が添っており、すべての帖は同筆で、筆者の断定はできませんが、青蓮院《しょうれんいん》流の書をよくした公卿や門跡の筆なのではないかと想像されます（毛利博物館蔵「源氏物語絵巻」等の尊純法親王の書風との類似が見られます。異なる字形もあるため、尊純法親王の次世代が想定されますが、今後基準作に照らして精査する必要があります）。海杜本の詞書と絵の内容はほとんどが一致していますが、数例、詞書に書写されている箇所と図様が合っていない場面があります。たとえば「紅葉賀」は、詞書では「もみちの賀／物おもふにたちまふへくも／あらぬ身の袖うちふりし／心しりきやあなかしことある／御かへりめもあやなりし御さま／かたちにみ給ひしのはれすや／有けむ唐人の袖ふることは／とをけれとたちゐにつけて／あはれとはみき」とあります。「もの思ふにたち舞ふべくもあらぬ身の袖うちふりし心知りきや」という和歌が書写されており、光源氏と藤壺宮の歌の贈答の場面です。しかし絵のほうは、室内に琵琶を持った女性がいて、その部屋を訪ねようとしている男性が描かれています。これは光源氏と、琵琶を得意としたという源典侍との戯れの場面とみるべきでしょう。また、「椎本《しいがもと》」帖については、詞書に抜粋されているのは、「しゐかもと／たちよらんかけとたのみししゐ／かもとむなしき床になりにける／かなとてはしらによりゐ給へる／をもわかき人〳〵／はのそきて／めてたて／まつる」という箇所で、八の宮薨去後、宇治を訪ねた薫が、生前八の宮が使っていた部屋と仏前の様子を見て「立ち寄らむ蔭とたのみし椎が本むなしき床になりにけるかな」という歌を詠む場面です。柱に寄りかかっている薫の姿を、若い女房たちが覗き見て褒めるという内容ですが、絵では室内に三人の男性が坐し、巻き上げられた御簾の向こうの風景を眺めており、女性は描かれていません（図5）。遠山の上には月が描かれています。この詞書と絵は、対応しているのでしょうか。

図5　海杜本「椎本」　海の見える杜美術館蔵

薫が頼みにしていた八の宮を椎の木のもとになぞらえた歌は、「椎本」という帖名の由来にもなっている重要な場面ですが、源氏絵の現存作例は決して多くありません。室町時代から江戸時代初期にかけて、『源氏物語』のどのような場面が絵画化されていたかを示す史料として、数例の源氏物語絵詞が知られており、そのうち『源氏物語絵詞』（大阪府立大学附属図書館蔵）には「かほるハ宮のおまし仏たんをあけてみ給ふ　はしらによりかゝり　さうのわきよりわかき女共のそく所なるべし」とあるため、中世から絵画化はされていたようです。この記述に非常に近い図様が、「源氏物語冊子表紙絵模本」（東京国立博物館蔵）に記載されています（図6）。「源氏物

図６ 「源氏物語冊子表紙絵模本」の内「椎本」 東京国立博物館蔵, Image: TNM Image Archives

語冊子表紙絵模本」は、住吉具慶（一六三一―一七〇五）による源氏絵（本の表紙絵および色紙絵）の模写を集めた白描模本で、写された絵の原本は、様式から土佐光信周辺による源氏絵が想定できます（龍澤 二〇一三）。模本からの推定ですが、室町時代にはこの場面は土佐派の絵師によって描かれていたと考えられます。この場面を描いた十七世紀の作例は、ほかに土佐光則筆「源氏物語色紙画帖」（徳川美術館蔵）および「土佐派絵画資料」（図7）、絵入源氏の挿図に見ることができ、近世に継承されていたことがわかりますが、構図やモチーフの詳細は異なっているので、図様の上での相互の影響関係はないようです。つまりこの場面は、絵画化の伝統は室町時代に遡り得るものの、徳川・五島本以来描かれ続けてきた「橋姫」や「蓬生」のような定型図様として流布するには至らず、海杜本を手がけた絵師の手元にこの場面に合致する粉本がなかったとも考えられます。海杜本の絵師は、詞書の内容に合わせるため、手元にあった源氏絵図様、たとえば、「須磨」帖の、須磨に下った光源氏が都を偲んで景色を眺める図様（図8 承応三年刊『源氏物語』挿図）などアレンジして使用した可能性もあるのではないでしょうか。他にも、毛利博物館蔵「源氏物語絵巻」においては、「常夏」帖に「胡蝶」の図様、「宿木」帖に「薄雲」の図様が用いられているなどの例が見られます。同作品の場合も、これは錯簡や誤りではなく、詞書内容に近い源氏絵図様が流用されたものと考えられます。

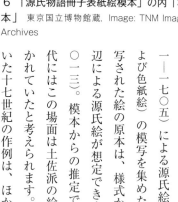

この帖の海杜本と源氏ミュージアム本の図様は、海杜本に蔦《つた》の襖絵が描かれている点、源氏ミュージアム本には几帳《きちょう》が描かれている点が異なっていますが、ほぼ同じです。従来、源氏ミュージアム本のこの図は「月の明るい夜、死期をさとった八宮、訪ねてきた薫に姫君たちのことを託す」場面と解釈されてきました。月が描かれていること、人物がみな男性であることが合致しており、本文では季節は七月ごろとなっていますが、宇治の地には「都にはまだ入りたたぬ秋のけしき」が漂っているという描写があるので、源氏ミュージアム本に秋草が描かれていることも齟齬がありません。実際、この場面はほかにも、土佐光起筆の源氏絵色紙（個人蔵「源氏物語色紙画帖」）や狩野氏信筆の五十四帖タイプの屛風（個人蔵「源氏物語図屛風」）でも採られており、決して珍しい場面選択ではありません。しかし、光起や氏信の図様を見ると、室内に八の宮と薫の二人が向かい合って座っている様子が描かれており、二人が対話をしていることが表されているのに対し、源氏ミュージアム本と海杜本では、男性たちは外を眺めており、明確にこの場面を意識して絵に描いているようにも見受けられません。八の宮の仏間や、のぞき見る女房たちが描かれないため、源氏ミュージアム本・海杜本の図様だけでは断定できないところはありますが、海杜本の詞書との対応から、本稿では本図も薫が椎本の歌を詠む場面として採られたと考えておきたいと思います。

図７　「土佐派絵画資料」　京都市立芸術大学芸術資料館蔵

図８　『源氏物語』（絵入源氏）の内「須磨」挿図　国文学研究資料館蔵

詞書が先か、絵が先か?

「東屋」帖は、詞書に書写されているのは、「あつまや／さしとむる／葎やしけき／東やの／あまりほとふる／雨そゝきかな」の箇所で、浮舟に会いに行った薫が詠んだ歌「さしとむるむぐらやしげき東屋のあまりほどふる雨そそきかな」です。絵は、室内で女性たちが巻子を広げてみている様子が描かれており、詞書と合致しているとは言えません。むしろこの場面は、徳川・五島本の「東屋（二）」（徳川美術館蔵）の、中の君が浮舟を慰めるために絵物語を見せる場面の図様を想起させます。

また、「蜻蛉」帖については、海杜本の詞書では「かけろふ／ありとみて／手にはとられす／みれは又／ゆくゑもしらす／きゑしかけろふ」とあり、薫がはかなげに飛び交っている蜻蛉を見ながら「ありと見て手にはとられず見ればまた行く方もしらず消えしかげろふ」と詠む場面です。土佐光吉筆の色紙絵（和泉市久保惣記念美術館蔵）に源氏絵の例があり、蜻蛉を眺める薫の姿が描かれています。ところが、絵では、室

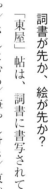

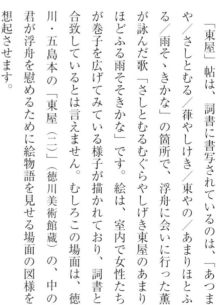

内で硯を前に向かい合う男女が描かれており、内容的に一致しません。源氏ミュージアム本・海杜本に描かれている、梅の花、室内の男女、硯、といったモチーフは、たとえば「初音」帖が「梅枝」帖の源氏絵に見られます。この図に関しても「椎本」と同様に、和歌を読む場面というところからの連想で、他の源氏絵図様がアレンジされたのではないかと思われます。

海杜本の詞書と絵は、どちらが先に作られたのでしょうか。絵巻や詞書と絵の制作の順は、作品によって異なります。詞書があって、それにふさわしい絵が描かれるというのが通常の順番ですが、源氏絵のようにすでに定型化された図様が成立しているようなものの場合は、既存の絵にあとから詞書を加えて仕立てるということもあり得えます。しかし、たとえば海杜本の「東屋」の場合、仮に絵が先にあったとして、女性しか描かれていない図様に、薫が詠んだ歌を合わせるだろうか、という疑問が生じます。そのように考えると、断定はできませんが、ここにあげた例をみる限りでは、詞書が先にあり、それに合わせて絵を制作したのではないかと考えられます。

以上のように考えていくと、制作の順番としては、海杜本詞書→海杜本絵→海杜本を元にした粉本→源氏ミュージアム本、という流れが推定できるのではないでしょうか。

4　十七世紀の源氏絵享受

「夕顔」帖の図様について

最後に、源氏ミュージアム本が制作された江戸時代・十七世紀の源氏絵をめぐる状況についてふれておきましょう。

源氏ミュージアム本・海杜本の「夕顔」帖で採られているのは、乳母《めのと》の尼君の見舞いに訪れた光源氏が、夕顔

図9　源氏ミュージアム本「夕顔」　宇治市源氏物語ミュージアム蔵

から花を載せて贈られた扇に書き付けてある和歌を読むという場面です（図9）。海杜本の詞書には「夕かほ／これみつにしそくめして／ありつる扇御らんすれは／もてならしたるうつりか／いとしみふかうなつかしうて／おかしうすさひかきたり／心あてにそれかとそみる／白露の／ひかりそへたる／夕かほの花」とあります。絵には、室内で惟光《これみつ》に紙燭《しそく》を持たせて扇を読んでいる光源氏、その傍らには夕顔の花が描かれています。「心あてにそれかとぞ見る白露の光そへたる夕顔の花」という和歌が書き付けられたこの扇に興味を持った光源氏は、惟光に「この西なる家は何人の住むぞ、問い聞きたりや」と尋ねます。部屋の外には車と、塀に絡んだ夕顔の蔓と白い花が描かれており、夕顔の住む西隣の家を示しています。「夕顔」帖の最も作例の多い源氏絵は、光源氏に指示された惟光が夕顔の家に立ち寄って花を受け取る場面で、源氏の牛車と従者たち、門口に咲く夕顔の花がたびたび描かれるモチーフです。源氏ミュージアム本の図様は、物語上はその少し後の場面ということになりますが、牛車や夕顔の花を描きこむことで、夕顔の花を受け取る有名な場面も暗示するかのような図様となっています。この場面の源氏絵は、住吉具慶筆の絵巻と絵入源氏に挿図に例があり、管見の限りでは、十七世紀以降に流布した図様です。中世以前から描き継がれてきた図様が多く見られる源氏ミュージアム本ですが、「夕顔」帖の図様は、同時代の源氏絵の受容状況を反映したものとも言えるかもしれません。

土佐光則様式の源氏絵への需要

具慶の絵巻の図様は、画面の左角に吹抜屋台で室内を描く構図、左手に光源氏、右手に惟光という構図は源氏ミュージアム本とよく似ていますが、透垣《すいがい》に絡む夕顔の花は描かれていません。絵入源氏の挿図も、室内で向かい合う光源氏と惟光を描くのみです。より源氏ミュージアム本に近い図様としては、土佐光成筆「源氏物語色紙貼交屏風」（ミネアポリス美術館蔵）の「夕顔」図があげられます（図10）。同作品には詞書色紙もあわせて貼り交ぜられていますが、詞書の抜粋部分は海杜本と一致しています。土佐光成（一六四七―一七一〇）は光起の子で、活躍年代は、想定される源氏ミュージアム本・海杜本とほぼ同時期とみられます。光成は光則・

図 10　「源氏物語色紙貼交屏風」の内「夕顔」　ミネアポリス美術館所蔵
Tosa Mitsunari, Scenes from The Tale of Genji, 17th century
Six-panel folding screen, a pair
Mary Griggs Burke Collection, Gift of the Mary and Jackson Burke Foundation
Minneapolis Institute of Art

光起の細密描写を受け継ぐ繊細優美な画風で、源氏ミュージアム本・海杜本の筆致とは異なりますが、源氏ミュージアム本との図様の共通は、十七世紀半ばから後半にかけて、広い意味での光則様式の源氏絵色紙が好まれ、求められる中で、各工房で図様が共有されていたことを示しているのではないかと考えられます。

江戸幕府が開かれて以降、十七世紀は近世大名家においては分家の創設も相次ぎ、家を確立していく時期にあたっています。各家ではそれぞれの家格に相応しい「大名道具」を誂《あつら》える必要がありました。源氏絵も、たとえば婚礼調度本として頻繁に用いられており、絵師への需要も高かったと想定できます。源氏ミュージアム本・海杜本の所用者はわかりませんが、この時期、数多くの源氏絵色紙画帖が制作された背景には、大名家が『源氏物語』および源氏絵を求めていたことが影響しているのではないでしょうか。

以上のように、源氏ミュージアム本の「源氏絵鑑帖」は十七世紀半ばから後半の源氏絵の典型例の一つと位置づけられます。源氏絵は各時代を通じて描かれますが、同じ『源氏物語』を画題としていても、一つ一つの作品が、時代背景を映す大切な史料となっているのです。

参考文献

秋山虔・田口榮一監修　一九九七　『豪華源氏絵の世界』学習研究社
稲本万里子　二〇一八　『源氏絵の系譜　平安時代から現代まで』森話社
宇治市源氏物語ミュージアム編　二〇〇一　『宇治市源氏物語ミュージアム所蔵　伝土佐光則筆　源氏絵鑑帖』宇治市源氏物語ミュージアム
片桐弥生　二〇一三　「「紫式部石山寺参詣図」（宮内庁書陵部蔵）と「源氏物語竟宴記」」（『静岡文化芸術大学研究紀要』一四）
河田昌之　一九九二　「「源氏物語手鑑」考」（『和泉市久保惣記念美術館　源氏物語手鑑研究』）和泉市久保惣記念美術館

京都市立芸術大学芸術資料館編　二〇〇〇　『土佐派絵画資料目録　画帖（三）』京都市立芸術大学芸術教育振興協会
佐野みどり監修・編著　二〇一一　『源氏絵集成』藝華書院
千野香織・亀井若菜・池田忍　一九九七　「ハーヴァード大学美術館蔵「源氏物語画帖」をめぐる諸問題」（『国華』一二二二号）
徳川美術館編　二〇〇五　『絵画でつづる源氏物語　描き継がれた源氏絵の系譜』徳川美術館
徳川美術館編　二〇一五　『国宝　源氏物語絵巻』徳川美術館
マコーミック、メリッサ　二〇一五　「「紫式部石山寺参詣図幅」における諸問題　和と漢の境にある紫式部像」（『国華』一四三四）
龍澤　彩　二〇一三　「東京国立博物館蔵「源氏物語冊子表紙絵模本」について」（『MUSEUM』六四三号）東京国立博物館
龍澤　彩　二〇一七　『絵巻で読む源氏物語　毛利博物館所蔵「源氏物語絵巻」』三弥井書店
龍澤　彩　二〇一八　「扇と物語絵に関する一考察」（『金城学院大学論集　人文科学編』一五―一）

本文中の『源氏物語』の引用は、『新編　日本古典文学全集二〇　源氏物語』（小学館　一九九四年）に拠った。

おわりに

本書を読んでいただいた皆さんに心から御礼申し上げます。まことにありがとうございました。

宇治市源氏物語ミュージアム開館二十周年にあたる平成三十年度（二〇一八）の連続講座「光源氏に迫る―栄華、憂い、そして愛―」は、主人公・光源氏をキーワードに、さまざまな角度からアプローチしようと企画したものです。光源氏の人物像やその生涯、恋愛模様を含めた人間関係、そして当時の社会状況や、さらには後世への影響について、各先生方にご講演いただき、このように一つのまとまった成果として世に出すことができました。

当館の連続講座では、毎年、話題性のある共通のテーマを設定しています。令和元年度（二〇一九）は「源氏物語のプリンス―平安時代の天皇とその文化―」、翌二年度は「日本文化のなかの藤原定家―和歌、物語、そして芸能―」とそれぞれ銘打ち、各分野でご活躍される研究者の方をお迎えし、最新の研究の成果をご講演いただいております。

講座を企画する担当者としては、これらをきちんとした形にして残すことはできないのかと、常に忸怩たる思いをしておりました。さりとて、安易に中途半端な形でまとめることは避けたいとも思っておりましたので、今回このようにして刊行できることは、望外の喜びです。

令和二年度は、新型コロナウイルス感染症流行拡大の影響で、当館においても、さまざまな対策を講じながら開館し、講座も会場や募集人数を変更しての開催とならざるをえませんでした。本書が刊行される頃には、今年度の連続講座「承久の乱八〇〇年　橋をめぐる物語―宇治川の彼方此方（あなたこなた）―」も始まっているでしょう。出かけにくい状況は続いておりますが、本書をお手にとっていただき、『源氏物語』の魅力を味わっていただけたらと願っております。

本書をきっかけに、『源氏物語』と出会う方、再発見される方、そして新しい分野や見方に関心を寄せられる方もいらっしゃることでしょう。『源氏物語』の楽しみ方は実にさまざまです。読者の皆さんお一人おひとりの楽しみ方で、じっくり味わっていただけましたら幸いです。そして、宇治への思いも募らせていただけたら、嬉しく思います。

末筆となりましたが、ご執筆いただいた先生方、画像の掲載許可をくださったご所蔵者、関係機関各位に感謝申し上げます。そして、企画、編集に、大変お世話になりました吉川弘文館編集部の板橋奈緒子さん、石津輝真さん、若山嘉秀さんに篤く御礼申し上げます。

宇治でお目にかかれることを願いつつ……

令和三年　八十八夜の頃

宇治市源氏物語ミュージアム　家塚智子

執筆者紹介（生年／現職）―執筆順

山本淳子（やまもと じゅんこ）　一九六〇年／京都先端科学大学人文学部教授
福嶋昭治（ふくしま しょうじ）　一九四八年／園田学園女子大学名誉教授
栗山圭子（くりやま けいこ）　一九七一年／神戸女学院大学文学部准教授
井上幸治（いのうえ こうじ）　一九七一年／佛教大学非常勤講師
上島　享（うえじま すすむ）　一九六四年／京都大学大学院文学研究科教授
長村祥知（ながむら よしとも）　一九八二年／富山大学学術研究部人文科学系講師
五島邦治（ごしま くにはる）　一九五二年／京都芸術大学大学院芸術研究科客員教授
高橋知奈津（たかはし ちなつ）　一九八二年／奈良文化財研究所文化遺産部主任研究員
龍　澤　彩（りゅうさわ あや）　一九七四年／金城学院大学文学部教授